Da Garantia Penal da Providência Cautelar

Da Garantia Penal da Providência Cautelar

2022

Vânia Simões

ALMEDINA

DA GARANTIA PENAL DA PROVIDÊNCIA CAUTELAR

AUTOR
Vânia Simões

EDITOR
EDIÇÕES ALMEDINA, S.A.
Rua Fernandes Tomás, n.os 76-80
3000-167 Coimbra
Tel.: 239 851 904 · Fax: 239 851 901
www.almedina.net · editora@almedina.net

DESIGN DE CAPA
FBA.

PRÉ-IMPRESSÃO
EDIÇÕES ALMEDINA, S.A.

IMPRESSÃO E ACABAMENTO

Maio, 2022

DEPÓSITO LEGAL

ALMEDINA | GRUPOALMEDINA

BIBLIOTECA NACIONAL DE PORTUGAL – CATALOGAÇÃO NA PUBLICAÇÃO

SIMÕES, Vânia

Da garantia penal da providência cautelar. – (Ideias jurídicas)
ISBN 978-989-40-0468-4

CDU 347

RESUMO

A garantia penal da providência cautelar surgiu no ordenamento jurídico português na sequência da revisão de 95/96 ao Código de Processo Civil de 1961, tendo sido introduzida no Código de Processo Civil de 1961, sob a epígrafe do artigo 391.º que, após a reforma de 2013, seria renumerado para o atual artigo 375º do Código de Processo Civil.

Antes do surgimento deste preceito, ocasionado pela revisão do Código de Processo Civil de 95/96, a jurisprudência era dissonante quanto à aplicabilidade desta garantia a outros procedimentos cautelares que não fossem o procedimento cautelar nominado de embargo de obra nova.

O facto de não constar de anterior redação uma norma deste teor, fez com que a jurisprudência hesitasse em reconhecer a aplicabilidade da garantia penal às decisões proferidas em sede de procedimentos cautelares.

Com a elaboração do artigo 391.º, (atual artigo 375.º do Código de Processo Civil) o legislador terá pretendido por fim à querela jurisprudencial e adequar a previsão ao crime de desobediência constante no Código Penal.

Sucede que, não obstante a consagração expressa da garantia penal da providência cautelar no atual artigo 375.º do Código de Processo Civil, as querelas em torno da aplicação da garantia penal continuam a suscitar discussões jurisprudenciais e doutrinárias, não existindo consensos quanto à interpretação deste preceito.

Com efeito, a ambiguidade relativamente à aplicação deste artigo reside na possibilidade de atribuição de sanções penais a uma sentença proferida pelos tribunais cíveis e os moldes em opera esta solução.

Palavras-chave: garantia penal; desobediência qualificada; procedimentos cautelares.

ÍNDICE

Introdução

O artigo 375.º do Código de Processo Civil reveste as sentenças que decretem providências cautelares, de garantia penal.

Este preceito insere-se nas disposições gerais relativas aos procedimentos cautelares inominados, pelo que, além de aplicável aos procedimentos cautelares comuns/inominados é também aplicável aos procedimentos cautelares nominados por via do artigo 376.º n.º 1 do Código de Processo Civil e ainda a procedimentos cautelares previstos noutros diplomas como é caso do Decreto-lei n.º 54/75, de 12 de fevereiro ou o Decreto-lei n.º 149/95, de 24 de junho, entre outros diplomas que contêm normas de remissão expressas para o Código de Processo Civil.

A interpretação deste preceito tem gerado controvérsias tanto na doutrina, como na jurisprudência.

Neste sentido, pretendemos colher os diversos posicionamentos doutrinários e jurisprudenciais atinentes a esta garantia prevista no Código de Processo Civil, por forma a darmos um contributo para melhor compreensão deste preceito e do seu alcance interpretativo.

Pretendemos também refletir sobre a necessidade do desencadeamento deste mecanismo para o incumprimento da sentença decretada em sede de procedimento cautelar, apontando soluções alternativas e/ou complementares do mesmo, como a sanção compulsória e/ou a prestação de caução.

Capítulo I
Da Garantia Penal da Providência cautelar

a) Aspetos Genéricos

Preceitua o artigo 375.º do Código de Processo Civil que "*Incorre na pena de crime de desobediência qualificada todo aquele que infrinja a providência cautelar decretada, sem prejuízo das medidas adequadas à sua execução coerciva.*"

O artigo 375.º do Código de Processo Civil prescreve assim que incorre no crime de desobediência qualificada, todo aquele que infrinja uma providência cautelar decretada. Ao ser decretada a providência cautelar, a mesma goza, em regra geral, de garantia penal.

O preceito reveste não só as decisões judiciais cautelares de garantia penal, mas reconhece também a força executiva da sentença proferida em sede de procedimento cautelar ao referir expressamente *"sem prejuízo das medidas adequadas à sua execução coerciva."*[1] Assim, independentemente do desencadeamento da garantia penal, assistirá ao requerente a possibilidade de lançar mão de uma ação executiva para o cumprimento coercivo da sentença que decreta o procedimento cautelar, conforme reconhece o preceito em análise. Além disso, a garantia penal associada à providência cautelar pode ser cumulada com a sanção pecuniária compulsória, mecanismo igualmente previsto na parte geral dos procedimentos cautelares inominados, isto é, entre os artigos 362.º e 376.º do Código de Processo Civil.

O preceito em causa (artigo 375º) insere-se na "parte geral" dos procedimentos cautelares, no título IV, capítulo I do Código de Processo Civil, sendo, portanto aplicável a todos os procedimentos cautelares nominados por via do artigo 376.º n.º 1 do Código de Processo Civil, preceito que determina a aplicação subsidiária das normas genéricas previstas no capítulo I dos procedimentos cautelares inominados, aos procedimentos cautelares nominados. Assim, a aplicação desta garantia penal é extensível aos

[1] A garantia penal da providência, sobrevive, nos termos da parte final do citado artigo 391.º do Código de Processo Civil *"sem prejuízo das medidas de execução coerciva", (...)enquanto não se fizer cumprir, ou seja, até que possa produzir o efeito útil para o qual foi proposta"* – Acórdão do Tribunal da Relação de Lisboa de 22/04/2008 relativo ao processo n.º 3068/2008-7, cuja relatora é Graça Amaral.

procedimentos cautelares nominados previstos no Código de Processo Civil, ainda que a lei não especifique a que procedimentos se concretiza a sua aplicabilidade.

A Jurisprudência aplica ainda este preceito a procedimento cautelares previstos em legislações avulsas como é caso do Decreto-Lei n.º 54/75, de 12 de fevereiro, o Decreto-Lei n.º 149/95, de 24 de junho ou ainda ao Código de Processo de Trabalho, pelo facto destes diplomas conterem normas remissivas para o Código de Processo Civil.

O artigo em causa (artigo 375.º do Código de Processo Civil) correspondia ao artigo 391.º do Código de Processo Civil de 1961, com as alterações introduzidas pelo Decreto-Lei 33/95 de 18 de agosto. Na sequência do surgimento deste preceito, foi eliminada a referência à responsabilidade criminal do dono da obra constante do anterior artigo 420.º n.º 2 do Código de Processo Civil, com anterior correspondência ao artigo 428.º do Código de Processo Civil de 1939.[2]

Antes do surgimento deste preceito, ocasionado pela revisão de 95/96 ao Código de Processo Civil de 1961, a jurisprudência era de facto dissonante quanto à aplicabilidade desta garantia a outros procedimentos cautelares que não

[2] José Lebre de Freitas e Isabel Alexandre, Código de Processo Civil anotado, volume 2, 3.ª edição página 79

fossem o de embargo de obra nova. O Decreto-Lei 329-A/95 de 12 de dezembro, viria assim a dissipar dúvidas ao referir expressamente a "*criminalização de condutas que infrinjam a medida cautelar decretada, seja qual for a natureza e conteúdo*", tendo como intuito o de clarificar o alcance interpretativo do preceito.

O facto de não constar de anterior redação uma norma deste cariz em sede de processo civil, fez com que a jurisprudência hesitasse em reconhecer a aplicabilidade da garantia penal às decisões proferidas em procedimentos cautelares. Se alguns arestos aceitavam que a desobediência à ordem emanada da decisão constituía crime, outros entendiam que só era aceitável a sanção civil, designadamente a execução e eventual indemnização. [3] As querelas interpretativas quanto ao artigo 375.º do Código de Processo de Processo Civil ainda se mantêm em variados aspetos, como melhor notaremos adiante.[4]

[3] Acórdão do Tribunal da Relação de Coimbra de 12/12/2000 relativo ao processo 3010/2000, cujo relator é Coelho de Matos.

[4] A própria jurisprudência reconhece as querelas interpretativas relativas à aplicação deste artigo. Segundo o Acórdão do Tribunal da Relação do Porto de 16/01/2002, relativo ao processo 0111421, cujo relator é Clemente Lima: "*Trata-se de preceito que tem dado origem a múltiplas discussões, na doutrina e na jurisprudência (...) Terá o legislador pretendido por fim, naquele campo, à querela jurisprudencial ou terá mesmo tido por fito adequar a previsão da responsabilidade criminal ao figurino da desobediência no CP de 1982 (...)*".

No preâmbulo do Decreto-Lei n.º329-A/95 de 12/12, que procedeu à reforma do Código de Processo Civil de 1961, pode ler-se que "*procuraram acentuar-se duas vertentes essenciais da justiça cautelar, garantindo, na medida do possível, a urgência do procedimento e a efectividade do acatamento da providência ordenada. (...) no que se reporta à garantia da efectivação da providência cautelar, propõe-se a incriminação como desobediência qualificada do acto traduzido no respectivo desrespeito. (...) Assim, o referido artigo 391.º do CPC, em conjugação com o artigo 348.º, n.º 2, do C.P. – que já ao tempo vigorava com a actual redacção –, visou exactamente dar tutela penal às decisões proferidas em procedimento cautelar, incriminando o desrespeito de tal decisão como desobediência qualificada e, consequentemente, pôr termo a hesitações jurisprudenciais nesta matéria (vertidas em muitos arestos anteriores a 1995), decorrentes da falta de norma inequívoca, sendo a posição dos recorrentes nestes autos, tributária da referida jurisprudência.*".

Este entendimento foi reforçado no Acórdão de Fixação de Jurisprudência do Supremo Tribunal de Justiça datado de 17/11/2010, relativo ao processo n.º 40/10.1YFLSB cujo relator é Eduardo Maia Costa, disponível in www.dgsi.pt. Neste sentido ainda, o Acórdão do Tribunal da Relação de Évora relativo ao processo n.º 1627/09.TAFAR.E2, em que é relatora Maria Isabel Duarte de 29/11/2016 refere que: "*O crime em questão, sendo embora um crime de desobediência, já que envolve o desrespeito por uma ordem estatal, e é punido como tal, constitui um crime com contornos específicos dentro do tipo geral da desobediência. Na verdade, a inserção da previsão no CPC, e concretamente no capítulo sobre as providências cautelares, a par da significativa epígrafe ("garantia penal"), indicia um propósito que o texto da norma expõe com clareza e sem lugar a equívocos: o de criminalizar a desobediência à providência decretada como garantia para o requerente da mesma, uma garantia reforçada, pois acresce à dos meios cíveis de execução coerciva de que ele também dispõe. É a coercibilidade penal da providência decretada que a incriminação garante, em benefício manifesto de quem a requereu.".*

A garantia penal pode ser despoletada com o proferimento da sentença que decrete uma determinada providência cautelar[5], independen-

[5] A Jurisprudência defende que a sentença que decreta a providência cautelar não pode corresponder a uma transação acordada pelas partes: "*Homologada por sentença transitada em julgado, proferida no âmbito dos autos de uma providência cautelar, uma transação em que os ora arguidos se obrigavam a colocar no seu estabelecimento um tubo condutor de fumos, o que segundo a acusação não cumpriram, é de confirmar o despacho em que o juiz rejeita a acusação por manifestamente infundada. Com efeito, não obstante o disposto no artigo 391.º do Código de Processo Civil, não se está perante uma decisão injuntiva (artigo 387.º n.1 daquele Código) mas sim perante a composição de um conflito de interesses (artigo 300.º n.3 do mesmo diploma). Não podendo considerar-se que a providência haja sido "decretada", não pode julgar-se indiciado o crime de desobediência, pois que lhe falta a indiciação de um dos elemen-*

temente do trânsito em julgado da mesma, produzindo a sentença efeitos a partir do momento da notificação do requerido, a não ser que haja interposição de um recurso com efeito suspensivo.[6]

A garantia penal da providência cautelar plasma uma *"concessão ao objetivo publicístico dos procedimentos cautelares, defendida pela doutrina calamandriana, de acordo com a qual as medidas nestas tomadas são predispostas pelo interesse da administração da justiça, da qual garantem o bom funcionamento – garantem o efeito útil da ação, da tutela plena"*.[7] Estamos pois, perante uma garantia de exequibilidade da providência, isto é, um mecanismo que se destina a evitar a criação de uma situação

tos objetivos (a ordem ou mandado)" – Acórdão do Tribunal da Relação do Porto de 16/01/2002, relativo ao processo n.º 0111421, cujo relator é Clemente Lima.

[6] Abrantes Geraldes, Temas da reforma de processo civil III volume, página 271. A jurisprudência entende verificar-se o crime de desobediência ainda que a decisão não seja acatada por virtude de interposição de recurso *"Tendo os arguidos sido notificados pessoalmente, no âmbito de uma providência cautelar, de que tinham o prazo de 48 horas para abrir um portão, ou entregar uma chave do mesmo aos requerentes da providência, não tendo cumprido o determinado, colide com critérios da lógica e da razoabilidade a hipótese de que se convenceram de que não estavam a violar a ordem do tribunal por terem interposto recurso da decisão cautelar"* – Acórdão do Tribunal da Relação de Guimarães relativo ao processo n.º 232/06.87AMNC-B.G1 cuja relatora é Maria Luísa Arantes, de 07/10/2013.

[7] Paula Ramos de Faria e Ana Luísa Loureiro, Primeiras notas ao Novo Código de Processo Civil, página 316

de impossibilidade posterior do cumprimento da sentença que vier a ser proferida no processo principal de que depende o procedimento cautelar.[8]

Preceitua o artigo 205.º n.º 2 da Constituição da República Portuguesa que "*as decisões dos tribunais são obrigatórias para todas as entidades públicas e privadas e prevalecem sobre as de quaisquer outras autoridades*", estabelecendo no nosso ordenamento jurídico, o princípio da obrigatoriedade ou da vinculatividade das decisões judiciais, devendo, nesta senda, as decisões judiciais serem acatadas de modo (preferencialmente) integral e espontâneo, sob pena do recurso à força pública.[9] O artigo 375.º do Código de Processo Civil vem concretizar, de modo expresso e indubitável, este princípio no que toca aos procedimentos cautelares."[10] De mencionar ainda, nesta esteira,

[8] José Lebre de Freitas e Isabel Alexandre, Código de Processo Civil Anotado, página 79-82

[9] A lei regula os termos da execução das decisões dos tribunais relativamente a qualquer autoridade e determina as sanções a aplicar aos responsáveis pela sua inexecução – n.º 3 do mesmo preceito.

[10] Ferreira de Almeida, refere no seu Manual de Processo Civil páginas 168/169 *que "qualquer dictat jurisdicional deve ser integral e espontaneamente acatado, quer pelos respetivos destinatários, quer por todos as demais entidades jurídico-públicas e jurídico-privadas e, para a eventualidade de o não ser, ou na previsão do seu afrontamento ativo, surge como legitimada a adoção de medidas coercitivas, as quais podem mesmo incluir o recurso à força pública."*

o artigo 6.º da Convenção Europeia dos Direitos do Homem, que preconiza o direito dos cidadãos a um processo justo, equitativo e a obterem uma decisão judicial num prazo razoável.[11]

De facto, não podemos fazer a interpretação do artigo 375.º do Código de Processo Civil de modo dissociado do artigo 348.º do Código Penal. É pois, neste último preceito juspenalista que encontramos os elementos objetivos e subjetivos necessários para a verificação do crime de desobediência.

São elementos necessários à verificação e preenchimento do tipo legal de desobediência previsto e punido pelo artigo 348.º do Código Penal:

a) a existência de uma ordem/mandado legítimo ou uma norma de conduta concreta, direta e expressa, a impor uma conduta específica (ativa ou omissiva);
b) que a mesma tenha sido regularmente comunicada ao visado, de modo a que este tenha conhecimento do seu conteúdo;

[11] Artigo 6.º n.º 1 da Convenção Europeia dos Direitos do Homem (Direito a um processo equitativo) (cita-se): Qualquer pessoa tem direito a que a sua causa seja examinada, equitativa e publicamente, num prazo razoável por um tribunal independente e imparcial, estabelecido pela lei, o qual decidirá, quer sobre a determinação dos seus direitos e obrigações de carácter civil, quer sobre o fundamento de qualquer acusação em matéria penal dirigida contra ela.

c) deve a ordem (verbal ou escrita – no caso da sentença) ser emanada por autoridade competente, isto é, de uma autoridade estadual ou de um dos seus agentes, no exercício das suas funções e dentro das suas competências legais, não devendo o ato corresponder a usurpação de poder ou incorporar uma violação da lei ou desvio do poder.[12]
d) a falta de obediência;
e) a intenção de desobedecer;[13]

Os elementos objetivos do tipo[14] são a existência de uma determinada ordem ou comando

[12] Castela Rio e Miguez Garcia, Código Penal – Parte Geral e especial com notas e comentários, página 1171-1176.

[13] Abrantes Geraldes, Temas da reforma de processo civil – III volume, página 271.

[14] O tipo objetivo do ilícito jurídico-penal em apreço consubstancia-se na conduta de quem faltar à obediência devida. Como refere Cristina Líbano Monteiro (Comentário Conimbricense ao Código Penal, org. por Figueiredo Dias página 351), "*é na própria noção de «devida» que se encontram implícitos os demais elementos objetivos do crime em questão, pois só é devida obediência a ordem ou mandados legítimos. Condição necessária de legitimidade é a competência in concreto da entidade donde emana a ordem ou o mandado. Para que o destinatário saiba se está ou não perante uma ordem ou um mandado desse tipo, torna-se indispensável que este chegue ao seu conhecimento e pelas vias normalmente utilizadas – que lhe seja regularmente comunicado. Faltar à obediência devida não constitui, porém, por si só, facto criminalmente ilícito. A dignidade penal da conduta exige, para além do que fica dito, que o dever de obediência que se incumpriu tenha uma de duas*

de autoridade, emanada por funcionário competente, impondo uma determinada conduta (um dever de ação ou omissão)[15]. Os elementos subjetivos do tipo traduzem-se no conhecimento e vontade/intenção de desrespeitar a ordem ou mandado recebidos.

No entanto, sob este tronco comum de requisitos incriminadores, o artigo 348.º do Código Penal prevê a punição da desobediência em duas situações distintas:

- A da alínea a) do n.º 1 e a do n.º 2, assente na existência de norma legal que preveja a punição a título de desobediência simples/qualificada, respetivamente, e,
- A da alínea b) do n.º 1 destinada a suprir a falta de norma legal e por isso dependente de cominação da entidade competente para o efeito.

Neste caso estamos perante um dever qualificado de obediência, pois o mero incumprimento de uma obrigação ou dever na esfera cível não acarreta necessariamente consequências do foro penal para o visado. O dever em causa resulta de disposição legal – o artigo 375.º do Código de

fontes: ou uma disposição legal que comine, no caso, a sua punição; ou, na ausência desta, a correspondente cominação feita pela autoridade ou pelo funcionário competentes para ditar a ordem ou o mandato.".

[15] Castela Rio e Miguez Garcia, Código Penal – Parte Geral e especial com notas e comentários, página 1171-1176

Processo Civil, existindo, portanto, um preceito que determina a cominação legal. Neste sentido ainda, o acórdão do Tribunal da Relação do Porto relativo ao Processo n.º 115/10.7TAMTR.P1, cuja relatora é Maria Deolinda Dionísio datado de 6/6/2012: "*Estamos, assim, perante um caso de cominação legal e não funcional. E porque se trata de um caso de cominação legal, a lei incriminadora não exige que o destinatário seja advertido de que incorre na pena do crime de desobediência qualificada se não acatar a decisão que lhe foi transmitida.*"

Não existindo disposição legal que considere determinada situação como crime de desobediência, é necessário que a autoridade ou funcionário faça a devida cominação da punição.[16]

Estamos perante um crime de dano e de simples atividade. O crime de desobediência é um tipo aberto, uma norma penal em branco – em que a conduta imposta ou proibida não é descrita pela própria norma. Os elementos constitutivos do crime são descritos parcialmente pela norma, devendo ser completados para determinação da matéria proibida[17].

O bem jurídico protegido pelo artigo 348.º do Código Penal é a autonomia intencional do

[16] Cristina Líbano Monteiro, Código Conimbricense ao Código Penal: parte especial – Tomo III – artigos 308.º a 386.º, página 349-359.

[17] Castela Rio e Miguez Garcia, Código Penal – Parte Geral e especial com notas e comentários, página 1171-1176.

Estado/a autoridade pública[18], mais concretamente, o regular funcionamento da administração pública na prossecução do interesse público.

[18] Na Exposição de Motivos constante do Decreto-Lei n.º 400/82, de 23 de setembro, que aprovou o Código Penal, o legislador clarificou, no ponto n.º 36, que "*... nos crimes contra o Estado, o ponto saliente reside na mais correta e cuidada definição objetiva e subjetiva dos elementos que constituem cada um dos diferentes tipos legais de crime que este título encerra. Esta conceção surgiu no reforço da opção originária, de 1982, pela maximização das áreas da tolerância e do princípio de última ratio de intervenção do direito penal (...).À íntima conexão estrutural com a própria natureza do Estado, evidencia a matriz ontológica dos crimes contra a autoridade pública e o espaço de recorte da tipicidade, na tensão de relação normativa do conteúdo dos poderes públicos com a tutela dos direitos do cidadão, fundamento, tarefa e limite do Estado. Por consequência, a definição da tipicidade convoca, liminarmente, princípios fundamentais conformadores, de consagração constitucional, como o princípio do Estado de direito democrático e os princípios da legalidade da Administração, da segurança jurídica e da proteção da confiança dos cidadãos, da proporcionalidade ou proibição do excesso e da eficácia imediata das normas constitucionais respeitantes a direitos, liberdades e garantias. Posto isto, cumpre clarificar que o bem jurídico tutelado por via da citada incriminação é, primacialmente e tal como nos demais crimes contra a autoridade pública, a autonomia intencional do Estado e visa, secundariamente, impedir a colocação de obstáculos à atividade administrativa do Estado, por parte dos destinatários dos seus atos. Urge também especificar que o conceito de administração pública com asserção penal não terá que coincidir integralmente com a noção que lhe é conferida pelo Direito Administrativo, na medida em que, para efeitos penais, "... e pensada à luz do bem jurídico protegido – a administração pública há de ser entendida em sentido funcional, ou seja, como o conjunto, historicamente variável, das funções assumidas como próprias pelo Estado com vista ao bom andamento da vida comunitária(...)*".

O ilícito em causa assume a natureza de crime público, podendo o Ministério Público prosseguir com a abertura do inquérito sem que seja necessária a denúncia por parte do requerente, caso o requerido não cumpra o que estiver determinado na sentença que decreta a providência cautelar.

Pode o requerente constituir-se assistente em sede de processo-crime, conforme resulta do Acórdão do Supremo Tribunal de Justiça n.º 10/2010[19] cujo Relator é Maia Costa, que refere: "*Como reconheceu o Tribunal Constitucional no Acórdão n.º 76/02, de 26 de Fevereiro, crimes há, como o de falsificação, o de denegação de justiça e, acrescente-se, o de descaminho de objeto colocado sob o poder público, que "visam indiretamente proteger também interesses de particulares", isto é, cuja área de tutela abrange concomitantemente (e não reflexamente, ao contrário do que sustenta a douta decisão recorrida) um bem jurídico materializado num portador individual, que por via da adoção de um conceito restrito de ofendido, veria injustamente negada a faculdade de se constituir assistente. (...) A este propósito importa trazer à colação o douto Acórdão do Supremo Tribunal de Justiça n.º 1/2003, que fixou a jurisprudência no sentido de admitir a constituição de assistente em processo por crime de falsificação, e o Acórdão do Su-*

[19] Relativo ao processo n.º 40/10.1YFLSB, publicado no Diário da República em 16/12/2010.

premo Tribunal de Justiça n.º 8/2006, que fixou jurisprudência no sentido de admitir a constituição de assistente em processo por crime de denúncia caluniosa (...) o dano no bem jurídico público tem igualmente repercussões numa esfera jurídica individual e, dessa forma, a norma incriminadora visa tutelar; ainda que mediatamente, bens jurídicos pessoais. Em processo crime de desobediência qualificada decorrente da violação de providência cautelar, previsto e punido pelos artigos 391.º do Código de Processo Civil e artigo 348.º n.º 2 do Código Penal, o requerente da providência tem legitimidade para se constituir assistente. (...)".

b) Natureza jurídica do artigo 375.º do Código de Processo Civil e da sentença que decreta a providência cautelar

A garantia penal da providência cautelar representa uma solução legal que não encontra paralelo em nenhum outro ordenamento jurídico estrangeiro, demonstrando-se como que uma solução "atípica" ou invulgar criada pelo legislador nacional, pelo menos no que toca às providências cautelares. Na Alemanha existe a possibilidade do incumprimento de uma sentença condenatória originar pena de prisão, caso estejamos perante uma obrigação de facto infungível.[20] Porém, este incumprimento reporta-se a uma sentença condenatória de cariz definitivo, não encontrando paralelo em sede de procedimentos cautelares.

No direito inglês, existe a designada *"contemplation of court"*, aplicável em situações de desobediência a uma *"injunction"*.[21] Uma *"injunction"* é uma ordem judicial que determina uma obrigação de *facere ou de non facere.* Caso esta ordem judicial seja violada, pode levar a uma condenação em termos penais, tal como sucede com a garantia penal da providência. O pedido da *"injunction"* pode ser feita antes ou depois de um processo, à semelhança do direito português. Os requisitos para o decretamento da *injuntion* também eles são muito semelhantes ao direito português. O pedido de uma *injunction* provisória pode ser *"ex parte" ou "inter partes"*. Num pedido *"ex parte"*, somente a parte que solicita a *injuction* tem a oportunidade de apresentar o seu caso ao tribunal. Num pedido *"inter partes"*, o tribunal ouvirá ambas as partes. Também poderá haver combinações dos itens acima. O Tri-

[20] José Lebre de Freitas e Isabel Alexandre, Código de Processo Civil anotado, volume 2, 3.º edição, página 80.

[21] Abrantes Geraldes, Temas da reforma de processo civil III volume, página 271.

bunal pode, a todo o tempo, mudar ou anular a medida decretada.[22]

O ordenamento jurídico brasileiro, assim como o francês, espanhol ou italiano, nada preveem no sentido de estabelecer a penalização do incumprimento da sentença proferida em sede de procedimento cautelar e que decreta uma providência cautelar. O direito brasileiro prevê um mecanismo de responsabilização no caso de incumprimento das providências decretadas *ope legis*, isto é, de responsabilidade objetiva do requerido. A responsabilidade do requerente no ordenamento jurídico brasileiro é tida como objetiva, com base na teoria do "risco do proveito", sendo a culpa do requerente irrelevante. Assim, a responsabilização do requerente em caso de caducidade da providência e improcedência da ação principal é viabilizada de modo "quase automático".[23]

Regressando ao ordenamento jurídico português, denotamos que o Código de Processo Civil não tem nenhuma norma remissiva para Código Penal, nem o artigo 375.º do Código de Processo Civil remete expressamente para a aplicação do artigo 348.º do Código Penal, levantando-se a questão de saber qual a natureza jurídica desta

[22] https://wwrwashfords.co.uk/news-and-events/general/guide-to-injunctions.

[23] Daniel Amorim Assumpção Neves, Manual de Direito Processual Civil, Página 1426.

norma pelo facto de apresentar um pendor penal, estando isoladamente inserida[24] no Código de Processo Civil.

A nosso ver o artigo 375.º do Código de Processo Civil é uma norma de cariz incriminatório enxertada no Código de Processo Civil, pois não se limita a reconhecer que o incumprimento da providência decretada se trata de um crime. Dota a decisão judicial de garantia penal, reforçando o valor jurídico da sentença, acrescendo-lhe mecanismos de reação além da esfera meramente civilística. Neste sentido, o Acórdão do Tribunal da Relação do Porto de 6/6/2012[25] refere que "*o artigo 391.º do Código de Processo Civil constitui-se como norma incriminatória que pune com a prática do crime de desobediência qualificada a atuação típica tal como aqui é imputada ao arguido*".

A norma em causa atribui tutela jurídica reforçada/eficácia penal a uma decisão judicial de cariz provisório, o que não sucede no caso de um incumprimento de uma mera sentença cível aquando da composição definitiva do litígio, daí a necessidade da sua consagração expressa.

Relativamente à natureza jurídica da sentença que decreta a providência cautelar, a per-

[24] Quer isto significar que o artigo 375.º do Código de Processo Civil é a única norma de cariz incriminador no código de processo civil.

[25] Relativo ao Processo n.º115/10.7TAMTR.P1 cuja relatora é Maria Deolinda Dionísio.

tinência da sua abordagem prende-se com a correta classificação da sentença para efeitos de interpretação do artigo 348.º do Código Penal.

Na doutrina encontramos o entendimento de que a sentença em apreço é uma "*ordem documentada*" que pode comportar ações e omissões. Basta-se com qualquer tipo de dolo[26], sendo certo que dificilmente estaremos perante um caso de erro não censurável. É facto que o crime de desobediência se compadece com situações diversas e, a nosso ver, menos gravosas e com menor formalismo do que o inerente a um processo judicial (ainda que com garantias diminuídas neste caso), sendo tais condutas suficientes para preencher o tipo legal em causa, pelo que não será esta solução preconizada pelo artigo 375.º do Código de Processo Civil, violadora do princípio da proporcionalidade, importante princípio do nosso ordenamento jurídico. Para efeitos de sentença tida como "ordem" na aceção do artigo 348.º do Código Penal e mesmo, para efeitos do artigo 375.º do Código de Processo Civil, releva a sentença com uma providência efetivamente decretada pelo(a) Juiz, na medida em que a "*sentença homologatória de um acordo no âmbito de um procedimento cautelar não se*

[26] Cristina Líbano Monteiro, Código Conimbricense ao Código Penal: parte especial - Tomo III - artigos 308.º a 386.º, página 349-359.

trata de uma verdadeira decisão cautelar", segundo o Acórdão do Tribunal da Relação do Porto de 16 de janeiro de 2002.

De referir que a doutrina brasileira se reparte no que refere à natureza da "sentença cautelar"[27]:

a) Segundo uns, a "sentença mandamental" contém uma ordem judicial impondo uma conduta ou uma omissão /abstenção de conduta;
b) Segundo outros, a sentença varia de natureza consoante à "espécie cautelar", podendo a mesma ser meramente declaratória, constitutiva ou condenatória;
c) Por fim, entendimentos existem no sentido de considerar a "sentença cautelar" diversa daquela que é proferida em sede de processo principal, ou seja, uma verdadeira sentença *sui generis.* [28]

A nosso ver, a sentença proferida em sede de procedimento cautelar e que decreta uma dada providência, não se trata de uma mera ordem judicial. Temos também de ter em conta que estamos perante uma sentença que se pode caracterizar pela caducidade e mesmo preca-

[27] Daniel Amorim Assumpção Neves, Manual de Direito Processual Civil, página 1414.

[28] Daniel Amorim Assumpção Neves, Manual de Direito Processual Civil, página 1414.

riedade, fatores estes que tornam a decisão que decreta a providência cautelar, uma verdadeira sentença *sui generis*. Com esta expressão de precariedade queremos transmitir a ideia de que a sentença proferida em sede de procedimento cautelar é uma sentença que se profere diante de um processo com garantias diminuídas, decorrente de provas sumariamente apresentadas, podendo nem sequer haver lugar a contraditório em certos casos.

Na doutrina portuguesa, Maria José Capelo defende que *"não podem ser dotadas de caso julgado*[29] [30]*, decisões que tenham cognição superficial ou*

[29] Com efeito, o caso julgado tem consequências importantes no que respeita ao tráfego jurídico como a segurança jurídica, a estabilidade do processo e a pacificação social. Outros efeitos processuais são de ter em conta como a irrepetibilidade, a indiscutibilidade, a estabilidade definitiva da solução dada a um litígio e ainda o interesse público subjacente. O principal efeito do caso julgado prende-se com a natureza preclusiva do litígio apreciado, resultando daí a proibição de repetição da causa ou de contradição da decisão proferida. O próprio artigo 2.º do Código de Processo Civil vai no sentido de estabelecer a força de caso julgado às decisões judiciais que apreciem pretensões deduzidas em juízo. Castro Mendes defendia que, sentenças haviam que a lei não lhes atribuía a força de caso julgado como era o caso do artigo 1051.º do anterior Código de Processo Civil – entretanto revogado (referente ao processo especial de posse ou entrega judicial), artigo 1116.º (processo especial para justificação da qualidade de herdeiro) e artigo 1853.º do Código Civil (relativo à filiação). Maria José Capelo, A sentença entre a autoridade e a prova: em busca de traços distintivos do caso julgado civil, página 45, 75-80.

que desrespeitem o contraditório e a igualdade"[31], o que poderá suceder em sede de procedimentos cautelares.

Já Fredie Didier JR, em "Sentença constitutiva e execução forçada" equipara a decisão judicial a um fato jurídico, na medida em que os efeitos não dependem da vontade das partes

[30] Maria José Capelo, A sentença entre a autoridade e a prova: em busca de traços distintivos do caso julgado civil, página 80.

[31] Numa perspetiva constitucional, o caso julgado reporta-se tanto ao caso julgado material, como quanto ao caso julgado formal. O caso julgado material tem como intuito evitar a repetição e contradição de julgados. O caso julgado formal não se confunde com o caso julgado material e com a insusceptibilidade de reclamação e de recurso ordinário. O Código de Processo Civil subordina o caso julgado material a uma estabilidade interna. Segundo Paulo Otero, traduz a consolidação da decisão judicial na ordem jurídica. Assim, estabelece o Código de Processo Civil que a decisão transita em julgado quando já não for suscetível de recurso ordinário, nem de reclamação. O nosso Código de Processo Civil distingue os casos em que a decisão verse sobre uma relação material controvertida ou sobre questões de índole processual. É indispensável o requisito da indiscutibilidade para a configuração do caso julgado. Maria José Capelo, A sentença entre a autoridade e a prova: em busca de traços distintivos do caso julgado civil, páginas 80, 90, 99, 102. O trânsito em julgado é uma condição necessária para atribuição de autoridade à decisão, funcionando como que uma ficção, com vista a obstar à dedução de incidentes dilatórios. Ainda que o trânsito se dê em momento posterior nada obsta a que sentença seja de imediato, com o seu proferimento, exequível – página 93, citando Lebre de Freitas e Ribeiro Mendes.

e decorrem da lei[32]. A sentença, ao efetivar um direito ainda que de modo provisório, cria um dever para o requerido[33]. O autor chega mesmo a referir que a sentença *in casu* antecipa efeitos de tutela e eficácia anexa da sentença[34], havendo uma prestação devida suscetível de execução, prestação essa que poderá corresponder à provável sentença proferida em sede de processo principal.

c) Da necessidade de notificação da advertência de cominação legal

Na Doutrina, Pais do Amaral admite que a responsabilidade penal resultante do artigo 375.º do Código de Processo Civil só pode ser efetivada quando o requerido seja notificado

[32] Refere que "*o efeito anexo de uma sentença é o efeito jurídico que decorre da sentença encarada como um facto jurídico*". Fredie Didier JR, Sentença constitutiva e execução forçada, página 317, 318.

[33] Fredie Didier JR, Sentença constitutiva e execução forçada, página 319.

[34] Fredie Didier JR refere que as sentenças produzem efeitos principais e efeitos anexos (ou secundários). São secundários/anexos, os efeitos que decorrem da própria lei, isto é, têm natureza *ope legis,* sendo efeitos indiretos e automáticos decorrentes do proferimento da própria sentença. O efeito anexo pode até ser uma decorrência subsidiária do pedido principal da ação.

pessoalmente da cominação prevista na lei.[35] Neste sentido ainda, Ferreira de Almeida.[36]

A jurisprudência divide-se quanto à necessidade de advertência da cominação legal. São variados os acórdãos que mencionam a desnecessidade de advertência, pelo facto de a advertência da cominação em causa resultar da lei e que a ignorância de tal facto não aproveita o requerido. Neste sentido, o Acórdão do Tribunal da Relação do Porto, relativo ao processo n.º 0111421, cujo relator é Clemente Lima, de 16/01/2002 refere que: *"Se a conduta delituosa atinge densificação suficiente para ser considerada normativamente punível, é óbvio que se dispensa, por desnecessária e inútil, a cominação pela autoridade ou funcionário, a qual é substituída pela disposição legal que, em concreto, especificamente considere uma determinada conduta punível como crime de desobediência. Face à norma do artigo 391.º do Código de Processo Civil, é óbvio que a imputação da infração não depende de qualquer cominação do julgador por virtude*

[35] Jorge Pais do Amaral, Direito Processual Civil, página 54.

[36] Jorge Pais do Amaral, Direito Processual Civil Página 168: *"o Juiz emite legitimamente, no exercício do seu múnus soberano, uma estatuição autoritária (uma ordem ou determinação) tendo como destinatário o requerido, que contém ínsito a obrigação por parte do notificado de adotar um comportamento ativo ou omissivo em acatamento desse ato imperativo (impositivo). Por tal razão, e com vista a assegurar a viabilidade prática da providência, deve a notificação ser feita sob a cominação correspondente aquele tipo de crime."*

de haver norma legal que a estabelece. Ao contrário do propugnado na decisão recorrida, em tais casos a cominação de prática do crime de desobediência qualificada não constitui elemento essencial para efeitos de imputação objetiva do crime ao agente".

Outros argumentos são invocados pela jurisprudência que defende, em parte, a desnecessidade de advertência da cominação legal: *"(...) não é na infração à providência cautelar que a desobediência se verifica, mas sim no desrespeito da ordem que já foi dada com vista à concretização dessa providência"*[37], ou, *"Não é requisito da prática do crime de desobediência, por violação de providência cautelar, que da notificação feita aos requeridos conste expressamente a advertência da consequência penal do não cumprimento da decisão".*[38]

Em sentido divergente, outra parte da jurisprudência afirma: *"O arguido não foi notificado de que incorria em crime de desobediência, o que retira conteúdo à existência de um dever que tivesse de ser cumprido sob pena de desobediência. E sem um concreto dever a cumprir não se configura a desobediência, com ou sem relevância penal. Assim, os factos indiciariamente apurados não traduzem uma atuação que consubstancia inequivocamente a falta de obediência a*

[37] Acórdão do Tribunal da Relação do Porto, de 17/01/2001 cujo relator é Agostinho Freitas, relativo processo 0040675.

[38] Acórdão do Tribunal da Relação de Guimarães relativo ao processo n.º 166/08.1TAMNC.Gi, cuja relatora é Ana Teixeira, datado de 2/12/2013.

uma ordem emanada de autoridade com competência para a emitir, uma vez que esta não cominou que o não acatamento dessa determinação o fizesse incorrer em crime de desobediência qualificada, uma vez que apesar da imposição ter sido regularmente comunicada ao arguido e tendo este ficado ciente da mesma (...), o mesmo já não foi regularmente notificado das consequências do seu não acatamento.[39]

[39] Neste sentido ainda, o Acórdão do Tribunal da Relação do Porto de 16/01/2013, que retrata o caso de um casal de agricultores contra os quais foi decretada uma providência cautelar de restituição provisória da posse. O casal em causa tinha pedido ao filho de ambos que tapasse definitivamente uma passagem colocando em volta do portão um cadeado fechado o que impediu a requerente de aceder à sua propriedade. Os requeridos não acataram a decisão do tribunal no sentido de facultarem a passagem à demandante, plantando milho e oliveiras no local. Após a violação da sentença proferida em sede de procedimento cautelar, seguiu-se o processo-crime, por desobediência qualificada e ao abrigo do qual os arguidos foram condenados. Sucede, porém, que recorreram, alegando que efetivamente foram notificados da sentença, mas que na mesma não constava a cominação legal da sua violação, pelo que os mesmos não tinham consciência de estarem a praticar um crime. Para além disso, o casal foi ainda condenado ao pagamento de uma indemnização deduzida em pedido de indemnização cível no processo-crime pelo aborrecimento causada à requerente/ofendida. O tribunal *ad quo* manteve o entendimento de que os arguidos incorreram na prática do crime em causa porque contrariaram uma ordem judicial (estatal) da qual tinham conhecimento e ainda assim contrariaram conscientemente essa ordem, sendo desnecessária que constasse da sentença expressamente a cominação legal. Remata o tribunal que "*o artigo 391.º do Código de Processo Civil conjugado com o artigo 348.º*

Jurisprudência mais exigente refere que "*a garantia aplica-se quando o demandado for pessoalmente inteirado do conteúdo da decisão, não podendo a notificação ser feita na pessoa do mandatário ou ser uma notificação legalmente presumida*"[40], e ainda "*a comunicação – que o art.º exige que seja regular – há de começar por constituir uma autêntica comunicação. Isto é: não basta que o meio de fazer chegar a ordem ao conhecimento do seu destinatário se mostre (de acordo com a lei) formalmente irrepreensível; torna-se necessário que aquele se tenha inteirado, de facto, do sem conteúdo. Ou seja, no caso concreto, para além da exi-*

do Código Penal visou justamente dar tutela penal às decisões proferidas em sede de procedimento cautelar e veio introduzir uma garantia reforçada de execução coerciva aos meios cíveis de execução."

[40] Acórdão do Tribunal da Relação de Évora relativo ao processo n.º 1627/09.TAFAR.EZ, cuja relatora Maria Isabel Duarte, datada de 29/11/2016: "*Todavia, para que se verifique a prática do referido crime de desobediência ao cumprimento de uma sentença proferida em procedimento cautelar, é necessário, entre o mais, a notificação /comunicação que possibilite ao agente/ destinatário tomar conhecimento e ficar elucidado sobre o conteúdo integral da ordem, que no caso é uma decisão judicial. Tal não ocorre se tendo embora o mandatário da sociedade requerida na providência cautelar sido notificado da sentença proferida na mesma, da qual interpôs recurso, não se prova, contudo, que aquela tenha sido regular e integralmente comunicada aos arguidos (...) A notificação da decisão que decretou à providência cautelar deu-se na pessoa do mandatário da requerida (de acordo com as regras processuais civis da notificação), que veio a interpor recurso da mesma, não tendo naturalmente ocorrido a notificação por contacto pessoal com os gerentes da sociedade arguida (...) Assim, e pata a cominação deste crime de desobediência, é necessário que exista uma ordem ou mandado expresso, não bastando que exista apenas uma conduta que infrinja uma proibição legal*".

gência de que a notificação da decisão judicial desobedecida se mostre formal e corretamente comunicada, o autor da desobediência há de ter percebido o seu teor"[41]. Outro Acórdão neste sentido: *"Não comete o crime de desobediência a arguida que, apesar de notificada para o efeito, não entrega um veículo automóvel, cuja entrega fora decretada por uma providência cautelar, se na notificação respetiva não lhe foi referida a providência cautelar, nem lhe foi feita a cominação de que o incumprimento da ordem a fatia incorrer no crime de desobediência".*[42]

Diante das querelas mencionadas, há que tomar posição. A nosso ver, o requerido deve ser notificado da cominação legal prevista no artigo 375.º do Código de Processo Civil, de modo pessoal, não podendo valer para efeitos de notificação, a notificação da sentença na pessoa do seu mandatário. São variados os argumentos que abonam a favor da tese defendida. Desde logo, a falta de advertência da cominação legal obsta à produção do efeito intimidatório da garantia penal pretendido junto do requerido. Não tendo sido feita a advertência e violada a ordem do tribunal, o fim da providência fica frustrado, não podendo, muitas vezes, a situação ser reposta

[41] Acórdão do Tribunal da Relação do Porto, de 9 de julho 2008 cujo relator é Jorge França, relativo ao processo n.º 0812779.

[42] Acórdão do Tribunal da Relação do Porto relativo ao processo 4840/07.1TAVNG.P1 cujo relator é Joaquim Braz, datado de 8/7/2009.

in natura. Acreditamos assim que a advertência do visado é uma condição de eficácia da própria garantia.

Pode até compreender-se quais os fundamentos subjacentes à necessidade de advertência da cominação legal do incumprimento da providência cautelar. O incumprimento da providência cautelar pode-nos remeter para a esfera penal do requerido, que contende com os direitos, liberdades e garantias do visado, sendo a notificação desta advertência importante, na medida em que o efeito do incumprimento decretado pelo artigo 375.º do Código de Processo Civil representa um regime excecional em termos de efeitos de incumprimento de uma decisão judicial proferida pelos tribunais cíveis, facto que deverá ser tido em consideração.

Para além de estarmos a lidar com direitos, liberdades e garantias dos notificados, é também necessário ter em conta que nem todo o incumprimento de providências culmina na prática do crime de desobediência, isto, se atendermos ao critério da interpretação restritiva do artigo 375.º do Código de Processo Civil. Aliás, a Doutrina e a Jurisprudência são divergentes no que tange à aplicação deste preceito, o que poderá culminar em soluções diversas e díspares na interpretação do preceito, em variados aspetos como melhor notaremos adiante no que se refere aos procedimentos a que se aplica a garantia penal.

A somar aos argumentos apresentados, o artigo 348.º do Código Penal estabelece a necessidade da regular notificação do visado[43]. O artigo 375.º do Código de Processo Civil nada diz quanto ao assunto. Havendo sobreposição de preceitos no caso em concreto, deverá procurar-se a solução que mais garantias ofereça, isto é, zelando pela notificação do requerido, conforme preceitua o artigo 348.º do Código Penal.

Mais, a cominação torna-se necessária pois à desobediência a uma providência que decrete alimentos, poderá corresponder o tipo legal previsto pelo artigo 250.º do Código Penal (violação da obrigação de alimentos). À desobediência no caso da providência que determine um arrolamento poderá corresponder o crime de infidelidade previsto e punido pelo artigo 224.º do Código Penal. Queremos com isto dizer que temos um concurso de normas nestes mencionados casos. Tendo em conta que o artigo 375.º do Código de Processo Civil determina uma consequência específica, a de reconduzir o in-

[43] A doutrina juspenalista defende a desnecessidade da advertência ao visado, por haver cominação legal e porque o preceito não exige que a advertência seja comunicada. Cristina Líbano Monteiro, Código Conimbricense ao Código Penal: parte especial – Tomo III – artigos 308.º a 386.º, página 349-359.

cumprimento da providência cautelar ao crime de desobediência, é este o tipo legal que deverá ter aplicação a todos os casos de incumprimento de providências cautelares (quando aplicável). Nem outra solução faria sentido. Em causa está uma harmoniosa interpretação do preceito, na medida em que estaríamos perante molduras penais diversas em cada um dos incumprimentos, apresentando o regime da desobediência uma moldura penal mais ténue comparativamente aos dois mencionados crimes (violação da obrigação de alimentos e infidelidade).

d) Caducidade da providência e Garantia penal

As sentenças que decretam providências cautelares podem caducar nos termos do artigo 373.º do Código de Processo Civil.[44]

[44] Artigo 373.º (Caducidade da providência)

1 – Sem prejuízo do disposto no artigo 369.º, o procedimento cautelar extingue-se e, quando decretada, a providência caduca:
a) Se o requerente não propuser a ação da qual a providência depende dentro de 30 dias contados da data em que lhe tiver sido notificado o trânsito em julgado da decisão que a haja ordenado;
b) Se, proposta a ação, o processo estiver parado mais de 30 dias, por negligência do requerente;
c) Se a ação vier a ser julgada improcedente, por decisão transitada em julgado;

Uma questão que poderá fazer sentido colocar-se é a de como compatibilizar a caducidade da providência com a garantia penal, pois o acionamento da garantia penal poderá ocorrer sem prejuízo da caducidade da providência. Porém, nalguns casos, o desencadeamento da garantia penal poderá levar a resultados injustos, veja-se, desde logo, o caso do artigo 373.º n.º 1, alínea a) do Código de Processo Civil, que prevê a caducidade nos casos em que o requerente não propõe a ação principal da qual depende a providência decretada no prazo legal previsto para o efeito.

Nem sempre será esse o caso. Noutras situações o debate judicial pode justificar-se sem que esteja em causa uma situação de *culpa in agendo* por parte do requerente. Em causa poderá estar uma situação de colisão de direitos na aceção do artigo 335.º do Código Civil e, neste sentido, existir um direito do requerente à ação,[45] justificando-se assim o debate judicial. Com efeito, o direito de ação judicial exercido pelo requerente

d) Se o réu for absolvido da instância e o requerente não propuser nova ação em tempo de aproveitar os efeitos da proposição da anterior;
e) Se o direito que o requerente pretende acautelar se tiver extinguido.

[45] Pedro de Albuquerque, Responsabilidade processual por litigância de má fé, página 894.

é um direito potestativo[46] e é irrenunciável, sob pena de estarmos a admitir a livre constituição de obrigações naturais nos termos do artigo 809.º do Código Civil[47], situação que não se coaduna com o nosso ordenamento jurídico.[48]

De ressaltar ainda que casos existem em que o requerido, não obstante ter incumprido a decisão judicial, poderá ver a garantia penal afastada. Poderá suceder que a recusa do requerido em cumprir a providência decretada tenha tutela ao abrigo de uma causa de justificação, sendo assim lícita a resistência à ordem judicial.

O mesmo sucede nos casos em que o requerido não puder cumprir a providência decretada ao abrigo do princípio *impossibilia nemo tenetur*. Estas mencionadas situações serão de ter-se em conta para efeitos de defesa do arguido no

[46] Menezes Cordeiro, Litigância de má-fé, Abuso de Direito de ação e culpa in agendo, página 37.

[47] O nosso ordenamento jurídico veda às partes o recurso à autodefesa (artigo 1.º do Código de Processo Civil), estando expressamente consagrado o direito de acesso aos tribunais que se traduz em duas vertentes essenciais: a de obter uma decisão judicial que aprecie a pretensão regularmente deduzida em juízo, bem como, fazer corresponder a todo o direito subjetivo, uma ação (artigo 2.º do Código de Processo Civil e artigo 20.º da Constituição da República Portuguesa). Menezes Cordeiro, Litigância de má fé, Abuso de Direito de ação e culpa "in agendo", página 37.

[48] Menezes Cordeiro, Litigância de má-fé, Abuso de Direito de ação e culpa in agendo, página 198.

âmbito do processo-crime de desobediência. Se estiver em causa uma situação de abuso de direito[49], litigância má-fé[50] ou *culpa in agendo*[51],

[49] O abuso de direito de ação encontra previsão no artigo 334.º do Código Civil que acolhe uma conceção objetiva do abuso de direito, não sendo necessária a consciência da conduta abusiva. No abuso de direito está em causa o "uso ou utilização dos poderes que o direito concede para a prossecução de um interesse que exorbita o fim próprio do direito ou um contexto em que ele deverá ser exercido". O abuso de direito traduzir-se-à no exercício de um determinado direito, resultando esse exercício numa ofensa ao sentimento de justiça da comunidade. O abuso de direito verifica-se aquando o exercício inadmissível do direito de ação. O abuso de diteito postula assim uma disfuncionalidade. Pedro de Albuquerque, Responsabilidade processual por litigância de má fé, página 891.

[50] A litigância de má fé é um instituto processual de cariz público que tem como intuito o imediato policiamento do processo. Não se trata de uma manifestação de responsabilidade civil, mas antes de um subsistema sancionatório próprio, de âmbito limitado e com objetivos práticos e restritos. Exige-se o dolo ou negligência grave para a sua afirmação, não sendo necessário o surgimento de um dano, podendo desta emergir uma multa ou indemnização calculada em função do que o juiz entender oficiosamente. Na litigância de má fé, o contraditório do litigante é admitido, ainda que a condenação seja oficiosa. A litigância de má fé é apreciada na própria ação ao passo que o abuso de direito é apurado numa ação diversa da ação onde sucedeu o evento em causa. O abuso de direito difere também da litigância de má fé por exigir um dano, não estando este instituto sujeito às restrições da litigância de má fé. De facto, o instituto da litigância de má fé tem uma natureza tão restritiva e delimitada que necessariamente se tem de complementar com as restantes figuras (abuso de direito e culpa in agendo). in Pedro de Albuquerque,

entendemos que a garantia penal pode não merecer acolhimento.

Nesses últimos casos, acreditamos poder ser justa a viabilização do recurso de revisão do processo-crime nestas situações, mecanismo previsto no artigo 449.º do Código de Processo Penal, na medida em poderão passar a existir duas decisões judiciais antagónicas entre si e por estarem em causa[52] exigências de justiça que se sobrepõem ao valor de certeza do direito: a verdade material.[53] O recurso em causa não está sujeito

Responsabilidade processual por litigância de má fé, página 893 e Menezes Cordeiro, Litigância de má fé, Abuso de Direito de ação e culpa "in agendo", página 65.

[51] A culpa *in agendo* resulta da violação de direito alheio através de meios judiciários, com dolo ou culpa. À *culpa in agendo* aplicam-se as regras gerais da responsabilidade civil, sendo certo que existem alguns preceitos específicos nas leis processuais diversas com este tipo de responsabilidade (artigos 123.º n.º 3, 166.º n.º 3, 228.º n.º 1, 374.º, 387.º, 508.º, 670.º, 767.º n.º 2 todos do Código de Processo Civil). Menezes Cordeiro entende que no caso do artigo 374.º do Código de Processo Civil, valem os pressupostos do artigo 483.º e 563.º do Código Civil e que em causa está um dos casos de *culpa in agendo*. A *culpa in agendo* tem de ser efetivada numa ação diversa daquela em que ocorreram os factos ilícitos. Requer-se uma atuação processual ilícita que transcenda os autos. Menezes Cordeiro, Litigância de má fé, Abuso de Direito de ação e culpa "in agendo", página 192.

[52] Fernando Gama Lobo, Código de Processo Penal Anotado, página 889.

[53] Vinício Ribeiro, Código Processo Penal – notas e comentários, página 1444.

a limite temporal para a sua apresentação.[54] O artigo 449.º do Código de Processo Penal é uma norma que se destina à quebra do caso julgado assumindo caráter excecional, na medida em que restringe o princípio da segurança jurídica. Para efeitos do presente recurso, requer-se que a definitividade da sentença[55]. A oposição de julgados não tem necessariamente reportar-se a um processo penal[56], pois que o artigo nada diz quanto à natureza do processo, referindo vagamente "noutra sentença". As sentenças devem ambas ter transitado em julgado, quer a do processo penal, quer a do processo cível.

[54] Pereira Madeira, Código de Processo Penal comentado, página 1610.

[55] Paulo Pinto de Albuquerque, Comentário do Código de Processo Penal à luz da Constituição da República e da Convenção Europeia dos Direitos do Homem, página 1206.

[56] Paulo Pinto de Albuquerque, Comentário do Código de Processo Penal à luz da Constituição da República e da Convenção Europeia dos Direitos do Homem, página 1207.

Capítulo II
Aplicabilidade da Garantia Penal aos processos cautelares nominados e procedimentos não previstos no Código de Processo Civil

A aplicabilidade da garantia penal aos procedimentos cautelares inominados não gera quaisquer dúvidas, porquanto o artigo 375.º do Código de Processo Civil está inserido na "parte geral" dos procedimentos cautelares, isto é, na mesma secção dos procedimentos cautelares inominados que se inicia com o artigo 362.º e seguintes do Código de Processo Civil, sendo o mencionado preceito diretamente aplicável aos procedimentos cautelares inominados.

Quanto à aplicabilidade da garantia penal aos procedimentos cautelares nominados e aos procedimentos cautelares constantes em legislação avulsa existem, de facto, querelas jurisprudenciais e doutrinárias relativamente a esta questão.

Na doutrina, a interpretação deste preceito tem levado a posicionamentos variados. Lebre de Freitas ressalta que a incongruência de não haver sanção penal no caso das sentenças transitadas em julgado na jurisdição cível, leva, segundo o autor a que se faça uma interpretação restritiva nos seguintes termos:

1.º: a garantia penal é aplicável quando exista uma norma penal específica que preveja a punição do incumprimento resultante da providência cautelar decretada, como é o caso do artigo 250.º do Código Penal;

2.º: a garantia penal não é aplicável no âmbito de obrigações pecuniárias;

3.º: a garantia penal não se aplica quando se ordenam comportamentos antecipatórios, idênticos aos da procedência da ação principal de que dependa o procedimento cautelar.[57]

Em suma, José Lebre de Freitas defende que a garantia penal traz soluções incongruentes no sistema jurídico, ao atribuir garantia superior

[57] José Lebre de Freitas e Isabel Alexandre, Código de Processo Civil anotado, volume 2, 3.ª edição, página 80.

a uma providência cautelar comparativamente a uma sentença definitiva. Refere e bem que *"excetuadas deviam ser tão só aqueles casos em que o comportamento do requerido integrasse uma moldura penal independentemente da providência emanada"*. Lebre de Freitas defende ainda que a garantia penal se aplicará aos casos de comportamento positivo ou negativo, incluindo o arbitramento de reparação provisória ou os alimentos.[58] O objetivo deste preceito é o de impedir a impossibilidade futura de cumprimento da sentença, incluindo nos casos de destruição de bens, bens esses que serviriam de base a uma futura execução.

Célia Pereira defende que o resultado da interpretação literal do preceito se revela incoerente. Acompanha Lebre de Freitas quanto à não aplicabilidade da garantia penal às obrigações pecuniárias ou relativamente a procedimentos com caráter antecipatório, exceto quando o incumprimento da providência decretada culmine num crime tipificado na lei penal (como é o caso dos alimentos).[59]

João Cura Mariano refere que "*a opção por uma intervenção do direito penal intimidatório e sancio-*

[58] José Lebre de Freitas e Isabel Alexandre, Código de Processo Civil anotado, volume 2, 3.ª edição, página 81.

[59] Célia Pereira, Arbitramento de reparação provisória, página 169.

natório desse comportamento desestabilizador da função judicial do Estado", justifica a aplicabilidade da garantia penal da providência[60]. Defende a aplicação do artigo 375.º do Código de Processo Civil à generalidade dos procedimentos cautelares, exceto nos casos de *impossibilia nemo tenetur*,[61] até porque a desobediência só é punível a título doloso. Este princípio juspenalista encontra-se também ele espelhado no direito civil.[62]

João Cura Mariano não adere à interpretação restritiva do preceito, referindo que a garantia é suscetível de cumulação com outros mecanismos. Defende a notificação da sentença ao requerido. Prossegue o autor, frisando que é indiferente se se trata de uma medida conservatória ou antecipatória. A garantia penal tem aplicação quanto à prática de atos, abstenção, entrega de quantia ou qualquer outro tipo de prestação.

[60] João Cura Mariano, A providência cautelar de arbitramento de reparação provisória, página 102.

[61] João Cura Mariano, A providência cautelar de arbitramento de reparação provisória, página 103.

[62] Como refere Catarina Monteiro Pires, "*se o devedor, para cumprir, tiver que desenvolver esforços superiores aos que lhe são exigíveis segundo aquele critério do bom pai de família (cf. Artigos 487.º n.º 2 e 799.º n.º 2) a falta de cumprimento não poderá ser culposa, nem (salvo convenção em contrário) dar azo a responsabilidade. Quer dizer, o devedor não faltará culposamente ao cumprimento (cf. Art.º 798.º)*". in Limites dos esforços e dispêndios exigíveis ao devedor para cumprir, Página 109.

Prossegue citando Sócrates[63], autor este que advoga pela aplicabilidade da garantia penal às providências, por reconhecer a dificuldade inerente ao respeito de uma obrigação de *non facere*, que poderá ser ultrapassada com a ameaça de sanção penal.[64]

Relativamente à aplicabilidade da garantia penal aos procedimentos cautelares nominados constantes do Código de Processo Civil e aos previstos em legislação avulsa, acreditamos que será prudente fazer uma análise casuística de cada um dos procedimentos. Assim, propomo-nos a analisar cada um dos procedimentos cautelares nominados, começando pelos procedimentos cautelares nominados constantes no Código de Processo Civil, passando depois para os procedimentos cautelares previstos em legislação avulsa e outros diplomas.

a) Alimentos e Arrolamento

No procedimento cautelar de arrolamento, uma vez deferida a pretensão do requerente, é lavrado um termo de entrega dos bens ao depositário, ficando o depositário incumbido de

[63] João Cura Mariano, A providência cautelar de arbitramento de reparação provisória, página 102-105.

[64] João Cura Mariano, A providência cautelar de arbitramento de reparação provisória, página 102-105.

administrar os bens com zelo e diligência, bem como, prestar contas da gestão corrente dos bens depositados. O depositário é, regra geral, o possuidor ou detentor dos bens, conforme prevê o artigo 408.º n.º1 do Código de Processo Civil.

Independentemente da cominação legal presente no artigo 375.º do Código de Processo Civil, o artigo 224.º do Código Penal penaliza as condutas do depositário que incorra na violação das suas obrigações legais. À desobediência no caso da providência que determine um arrolamento poderá corresponder o crime de infidelidade, crime previsto e punido pelo artigo 224.º do Código Penal.[65]

[65] A propósito deste procedimento cautelar, encontrou-se um acórdão que curiosamente se debruça sobre um caso atípico em que o requerido é visado como arguido – Tribunal da Relação do Porto de 28/11/2001, relator Tomé Branco, relativo ao processo 0040694. "*Não comete qualquer crime o herdeiro que, explorando prédios rústicos da herança que foram objeto de arrolamento, colhe os respetivos frutos, apesar de não ser cabeça-de-casal. A apropriação dos mesmos enquanto administrador – apenas o obriga a prestar contas nos termos do artigo 293.º do Código Civil. O arguido não cometeu o crime de desobediência, na medida em que não existe notificação a aludir ao art. 391.º, do CPC, nem lhe foi comunicado que não podia colher os frutos dos prédios da herança que granjeara. (tinha apanhado azeitonas e amêndoas das árvores que integravam os terrenos. O arrolamento ocorreu sem que o ora recorrente tenha sido ouvido ou estado presente e apenas foi notificado que podia recorrer. O não acatamento de uma decisão cível não integra qualquer crime de desobediência. E opõe-se também à decisão de o condenar por um crime de furto qualificado, porque: – Nenhuma das verbas arroladas saiu da herança e entrou na esfera patrimonial do recorrente/ arguido.*

O mesmo sucede com a providência cautelar que decrete a prestação de alimentos. À violação da obrigação de alimentos poderá corresponder ao tipo legal previsto pelo artigo 250.º do Código Penal. Conforme já defendemos, estamos perante um caso de concurso de normas nestes mencionados casos. Porém, tendo em conta que o artigo 375.º do Código de Processo Civil determina uma consequência específica, a de reconduzir o incumprimento da providência cautelar ao crime de desobediência, é este o tipo legal que deverá ter aplicação a todos os casos de incumprimento de providência cautelares. Nem outra solução faria sentido. Em causa está uma harmoniosa interpretação dos preceitos, mas também questões relativas às garantias penais dos arguidos, na medida em que estaríamos perante molduras penais diversas em cada um destes crimes, apresentando o regime da desobediência uma moldura penal mais ténue comparativamente aos dois mencionados crimes.

(...) De acordo com o disposto no art. 421.º n.º 1, do CPC, "O arrolamento consiste na descrição, "avaliação e depósito dos bens "Ora as coisas que terão sido colhidas pelo arguido – uvas, amêndoas e azeitonas – não constam do auto de arrolamento de fls. 10 e seguintes, mas sim os prédios místicos que produziram tais frutos. Em consequência, foi absolvido dos crimes de desobediência e de furto. Este acórdão defende a necessidade de notificação da comunicação legal. Abrange também a questão do arrolamento."

Assim, quanto a estes dois procedimentos não se nos oferecem quaisquer dúvidas quanto à aplicabilidade da garantia penal. Discute-se ainda na Doutrina e na Jurisprudência que a desobediência à providência que decretar alimentos poderá traduzir-se numa "prisão por dívidas[66]". Porém, é de ter-se em conta nesta matéria o princípio da *impossibilia nemo tenetur*, sendo que este preceito incriminatório tem aplicação apenas a quem puder prestar alimentos e, quando condenado, não o faz, sem motivo atendível, porquanto estamos perante um dever do tipo familiar.

b) Arresto

No caso do arresto, advogamos no sentido da inaplicabilidade da garantia penal quanto a este procedimento cautelar. O arresto é um procedimento cautelar decretado sem audiência do requerido, sendo que, uma vez deferida a pretensão do requerente, os bens do requerido são arrestados com recurso ao "efeito surpresa" pelo que não vislumbramos a aplicação do artigo

[66] Cristina Líbano Monteiro, Código Conimbricense ao Código Penal: parte especial - Tomo III - artigos 308.º a 386.º, página 349-359; João Cura Mariano, obra já citada, página 102-105.

375.º do Código de Processo Civil ao procedimento cautelar de arresto.

c) Arbitramento de reparação provisória

O arbitramento de reparação provisória, uma vez concedido, traduz-se na atribuição de uma renda mensal fixa ao requerente, ainda que de cariz provisório. O requerente adquire de imediato o direito de tutela antecipado, independentemente da interposição de recurso pelo requerido[67]. Pode a providência ficar sem efeito, havendo nesse caso, repetição do indevido por parte do requerente nos termos do artigo 390.º n.º 1 do Código de Processo Civil.

O resultado pretendido com este procedimento é um resultado pecuniário pelo que acreditamos que seria adequada a busca por uma solução de cariz monetário por forma a corresponder às expectativas do requerente. Em causa não está um crédito de natureza alimentar, mas antes um crédito de natureza reparatória.

O requerido será, em regra, uma pessoa coletiva, uma entidade seguradora, pelo que a garantia penal nos irá remeter para o direito penal das pessoas coletivas. Acreditamos que a garantia

[67] Célia Pereira, Arbitramento de reparação provisória, página 165.

penal no âmbito deste procedimento cautelar, não produzirá o efeito intimidatório pretendido, tendo em conta o leque de penalidades potencialmente aplicáveis às pessoas coletivas.

De frisar que o procedimento cautelar de arbitramento de reparação provisória previsto no artigo 403.º do Código de Processo Civil não é admissível em processo penal, dada a sua natureza antecipatória de tutela não se coadunar com os princípios elementares do processo penal, como é caso do princípio da presunção da inocência.[68]

Assim, advogamos no sentido da inaplicabilidade da garantia penal quanto ao presente procedimento, devendo neste caso dar-se pre-

[68] *"Em processo penal vigora o princípio consagrado constitucionalmente de presunção da inocência do arguido até trânsito em julgado da sentença condenatória. A admitir-se tal procedimento levaria a que se procedesse a um julgamento antecipado quanto à prática pelo arguido de ilícito criminal, ainda que este tenha transferido a responsabilidade civil emergente de acidente viação para terceiro no caso à seguradora. Daí que a lei processual penal não preveja tal procedimento cautelar. A única providência cautelar expressamente prevista é a do artigo 228.º, que prevê a possibilidade de arresto preventivo, como medida de garantia patrimonial. (....) remessa da decisão cível para os meios comuns, nos termos do artigo 82 n.º 3 do mesmo diploma legal, não se vislumbrando assim que se possa sequer falar em ofensa ao citado artigo 20.º da Constituição da República Portuguesa, pela mera circunstância de um determinado procedimento cautelar não ser admissível em sede de processo penal"* Acórdão do Tribunal da Relação de Lisboa relativo ao processo n.º 5077/2008-3 datado de 25/08/2008, cuja relatora é Margarida Ramos de Almeida.

valência às medidas de coerção cíveis existentes para cumprimento da sentença, como a sanção pecuniária compulsória, dado o facto de entendermos que a garantia penal neste caso não tem efeito intimidatório e que, visando o requerente, uma quantia pecuniária com o procedimento em análise, acreditamos que serão mais indicados os meios cíveis de coerção para cumprimento da sentença para acautelar o interesse do requerente e mesmo o interesse público subjacente ao cumprimento da sentença.

d) Inversão do contencioso (exceto procedimento cautelar de alimentos)

Nos termos do artigo 376.º do Código de Processo Civil, a inversão do contencioso é aplicável aos procedimentos de restituição provisória da posse[69], suspensão de deliberações sociais e ao

[69] Relativamente ao procedimento cautelar de restituição provisória de posse, temos o Acórdão do Tribunal da Relação de Lisboa datado de 27/11/2012, relativo ao processo n.º 1669/12.9TVLSB-AL1-7, cujo relator é Manuel Gomes em que o requerente vem solicitar a restituição provisória da posse de uma obra que lhe tinha sido violentamente esbulhada pela requerida, peticionando a restituição da posse, a abstenção de perturbação da posse do requerente, a possibilidade de colocação de um cadeado para impedir o acesso das instalações ao requerido e uma sanção pecuniária compulsória por cada dia de incumprimento da decisão que viesse a ser favoravelmente proferida (€10. 000/ dia)

embargo de obra nova. Muitos procedimentos cautelares implicavam, antes da vigência deste instituto, uma duplicação de processos por haver grande similitude entre a ação principal e o procedimento cautelar no que toca aos factos alegados e à prova. Por motivos de economia processual, estabeleceu-se assim este meio

pois entende que a suscetibilidade de prática do crime de desobediência não é fator suficientemente dissuasor. A requerente estava a exercer direito de retenção sobre a obra, pois as partes tinham celebrado um contrato de empreitada e o requerido não havia pago o preço combinado. Foi decretada providência (sem audiência do requerido) a favor da requerente em tudo o solicitado com exceção da sanção compulsória, facto que levou a requerente a recorrer. Em sede de recurso, o tribunal *ad quo* considerou que havia esbulho violento e que era lícito à recorrente reter a propriedade em causa, pelo que o tribunal *ad quem* andou bem com a solução da vedação e que não se fazia necessário a imposição de uma sanção compulsória *(a providência decretada tem por objeto a entrega coativa de coisa certa, o que, por natureza, não é suscetível daquela sanção compulsória, nem sequer dela carecendo)*. Remata ainda o Tribunal da Relação *"Sucede que a execução o da decisão ordenatória da restituição provisória da posse não implica sequer a realização espontânea da prestação de entrega da coisa, por parte da requerida, já que deverá ser realizada coativamente mediante auto de entrega judicial. Feita essa entrega, a Requerida fica obrigada a respeitar a posse assim conferida, sob pena de poder incorrer em responsabilidade criminal, nos termos do artigo 391.º do CPC."* Neste sentido o Acórdão do Tribunal da Relação do Porto de 9/6/93 e o Acórdão do Tribunal da Relação do Porto de 21 /12/88 referem ambos *que «a desobediência à decisão proferida em providência cautelar de restituição provisória da posse integra o crime previsto e punido pelo artigo 391.º do Código de Processo Civil (...)."*

de tutela definitiva de proteção do requerente. O juiz neste tipo de procedimentos não decide a causa principal, mas antes um procedimento que se convola numa decisão definitiva. A inversão não pode ser decretada oficiosamente (artigo 369.º n.º 1 do Código de Processo Civil). A convicção do tribunal deve ser segura quanto à existência do direito a acautelar com base nos factos e nas provas trazidas aos autos, para que a inversão possa ter lugar.

Nas palavras de Paula Ramos de Faria e Ana Luísa Loureiro "*Sendo decretada a inversão do contencioso, e depois de consolidada a providência como composição definitiva do litígio não mais subsiste qualquer interesse público especial no respeito pela providência, isto é, diferente do normal interesse no respeito pelas decisões dos tribunais – não havendo que garantir o efeito* útil *da ação, pois este já se produziu em definitivo. A decisão salisfaz agora, apenas, o interesse privado, tutelando primordialmente o direito subjetivo*".[70] Além de que, a antecipação do efeito a atingir com a ação principal se dilui em absoluto, bem como, as características da instrumentalidade e provisoriedade dos procedimentos cautelares.[71] Assim, dadas as especificidades desta solução, a decisão que decreta a providência torna-se de-

[70] Paula Ramos de Faria e Ana Luísa Loureiro, Primeiras notas ao Novo Código de Processo Civil, página 316.

[71] Acórdão do Tribunal da Relação de Lisboa de 22/04/2008, cuja relatora é Graça Amaral relativo ao processo 3068/2008-7.

finitiva pelo que não fará sentido a aplicação da garantia penal, pois seria dotar uma decisão judicial cível de efeitos penais de modo isolado no nosso ordenamento jurídico, situação que não decorre da interpretação do artigo 375.º do Código de Processo Civil, motivo pelo qual a garantia penal não tem aplicabilidade no âmbito deste procedimento cautelar.

e) Código de Processo do Trabalho

De frisar preliminarmente que, o artigo 547.º do Código do Trabalho prevê o crime de desobediência enquanto crime passível de ser cometido pelo empregador (pessoa singular ou coletiva), ainda que em moldes diversos dos estabelecidos no artigo 375.º do Código de Processo Civil.

O designado "direito penal do trabalho" tem como objetivo a proteção do trabalhador enquanto parte mais fraca do contrato de trabalho e vem desde logo instituído no artigo 546.º do Código do Trabalho. Independentemente da natureza singular ou coletiva da entidade patronal, certo é que a mesma pode ser arguida em termos de crimes laborais, ao abrigo do princípio da responsabilidade criminal.[72]

[72] Paula e Hélder Quintas, Manual de Direito do Trabalho e processo do trabalho, página 283.

Existindo uma norma que determina a aplicação subsidiária do Código de Processo Civil ao Código de Processo de Trabalho, o artigo 1.º n.º 2, alínea a) e b) do Código de Processo de Trabalho, dúvidas não nos parecem existir quanto à possibilidade de aplicação desta garantia aos procedimentos cautelares previstos no Código de Processo de Trabalho. Neste sentido, o Acórdão do Tribunal da Relação de Guimarães relativo ao processo n.º 635/14TTBRG-A.P1.G1 de 26/02 /2015 cuja relatora é Manuela Fialho.[73]

[73] Refere-se neste Acórdão que: *"A imposição de um corte salarial que levou a que O rendimento auferido se reduzisse para metade constitui lesão grave e dificilmente reparável do direito à retribuição, devendo ser acautelada mediante providência cautelar comum. Peticiona a Requerente que os Requeridos sejam advertidos de que o incumprimento da sentença os fará incorrer em crime de desobediência. Na sua contra-alegação os Requeridos insurgem-se quanto a este pedido, alegando que não pode haver sanção penal para o incumprimento pois o Artigo 375.º do CPC não pode interpretar-se contra o princípio fundamental da inadmissibilidade de pena criminal por incumprimento de obrigação pecuniária. O Artigo 375.º do CPC dispõe que incorre na pena do crime de desobediência qualificada todo aquele que infrinja a providência cautelar decretada, sem prejuízo das medidas adequadas à sua execução coerciva. Esta garantia em nada contende com aquele princípio, porquanto a pena eventualmente aplicável será por desobediência a uma decisão judicial e não pelo incumprimento da obrigação pecuniária. Em conformidade com o exposto, acorda-se em julgar a apelação procedente e, em consequência, revogar a sentença recorrida, julgando a providência cautelar procedente (..)Advertem-se os Requeridos. que o incumprimento desta decisão os poderá fazer incorrer na pena do crime de desobediência qualificada.*

Em sede de processo de trabalho são essencialmente três os preceitos que aludem a procedimentos cautelares: o artigo 32.º – procedimento cautelar comum, o artigo 33.ºA – suspensão de despedimento e o artigo 44.º e seguintes do Código, relativos à proteção da segurança, higiene e saúde no trabalho. Para além do arresto, do arbitramento de reparação provisório, poderá estar em causa o arrolamento.[74]

O procedimento cautelar comum em sede de processo de trabalho pode envolver a tutela de direitos de personalidade, questões de transferência ilegítima de local de trabalho, de aplicação de sanção disciplinar mais gravosa do que o suposto, questões relativas ao descanso, falta de retribuição, de maternidade/ paternidade, de desrespeito pelas regras atinentes à qualificação profissional do trabalhador, entre outras questões.[75]

De frisar que em sede laboral poderá haver processo contraordenacional junto da Autoridade para a Segurança Alimentar e Económica (A.S.A.E.), da Autoridade para as Condições no

[74] Francisco Ferreira de Almeida, Direito Processual Civil volume I, página 231 e 232. O artigo 46.º n.º 2 do Código de Processo de Trabalho refere que o incumprimento pode envolver sanções civis, contraordenacionais e penais. Refere o aludido preceito que: "*O decretamento das providências não prejudica a responsabilidade civil, criminal ou contraordenacional que ao caso couber, nos termos da lei.*"

[75] Francisco Ferreira de Almeida, Direito Processual Civil volume I, página 225.

Trabalho (ACT) ou da Comissão para a Igualdade no Trabalho e Emprego (C.I.T.E.), para além da aplicação do artigo 375.º do Código de Processo Civil. Os diversos tipos de responsabilidade são cumuláveis (contraordenacional e penal) conforme refere expressamente o artigo 46.º n.º 2 do Código de Processo do Trabalho.

A nosso ver, a aplicação deste preceito em sede laboral reveste especial importância. Em causa está a natureza alimentícia do vencimento/salário do requerente, bem como, a posição de fragilidade do trabalhador no âmbito do contrato de trabalho, fatores que justificam, a nosso ver, a aplicação deste mecanismo, exceto nos casos arresto e arrolamento, pelos motivos anteriormente enunciados.

f) Arbitragem Voluntária - Lei 63/2011, de 14 de dezembro

Na jurisprudência existe um acórdão que defende a aplicabilidade da garantia penal no âmbito dos processos de jurisdição voluntária.[76]

A questão da aplicabilidade da garantia penal ou extensibilidade do âmbito de aplicação do artigo 375.º do Código de Processo Civil à Lei 63/2011, de 14 de dezembro (Nova Lei da Arbi-

[76] Acórdão do Tribunal da Relação de Lisboa relativo ao processo n.º 18645/10.9T2SNT.L1-2, cujo relator é Henrique Antunes, de 27/10/2010.

tragem Voluntária), encontra também defensores na Doutrina.

Joana Freire Pais de Almeida[77] defende que: "*A decisão de exequatur deve conter a informação de que o incumprimento da providência cautelar constitui o requerido em crime de desobediência, nos termos e para os efeitos do artigo 375.º do CPC.*". Prossegue referindo que "*(...) A decisão pela qual o tribunal estadual ordena o requerido para que cumpra a ordem decretada pelo tribunal arbitral tem tutela penal. De facto, deve entender-se, tal como o tem feito, por exemplo, a doutrina suíça, que a remissão das regras que regulam a arbitragem para o processo de execução nos tribunais comuns inclui o recurso à força pública e a sanções criminais, pois são estas que verdadeiramente compelem ao cumprimento. Assim, nos termos gerais, o desrespeito pela ordem de cumprimento de uma providência cautelar emitida pelo tribunal judicial pode consubstanciar um crime de desobediência, nos termos do artigo 375.º do* Código de *Processo Civil.*"

Diversamente do entendimento exposto, entendemos que a decisão do tribunal arbitral é de natureza diversa daquela que é proferida pelo tribunal estadual e que por isso não se trata de uma verdadeira decisão que seja suscetível de enquadramento no artigo 348.º do Código

[77] Joana Freire Pais de Almeida, Reconhecimento e execução coerciva de providências cautelares (Comentário ao artigo 27.º da Lei de Arbitragem Voluntária), página 36 e 37.

Penal, que pressupõe o exercício do múnus soberano, uma estatuição autoritária (uma ordem, intimação ou determinação) tendo como destinatário o requerido, a qual contém ínsita a obrigação de adotar um determinado comportamento ativo ou omissivo em acatamento desse ato imperativo (impositivo). Reforçando este entendimento temos o facto de a instância arbitral se iniciar sob a égide da vontade das partes mediante cláusula compromissória ou compromisso arbitral, o que não sucede no caso dos procedimentos cautelares que correm no tribunal judicial.

g) Apreensão de veículos – Decreto-Lei 149/95, de 24 de junho

Este procedimento cautelar destina-se a fazer face a situações de incumprimento de contratos de locação financeira, quando o locatário, a quem foi facultada a fruição do bem locado, deixe de pagar com regularidade as prestações pecuniárias a que se comprometeu.[78] Reporta-se essencialmente a contratos de *leasing* e pode envolver bens móveis ou imóveis.[79]

[78] Francisco Ferreira de Almeida, Direito Processual Civil volume 1, página 213.

[79] Francisco Ferreira de Almeida, Direito Processual Civil volume 1, página 214.

O Acórdão do Tribunal da Relação de Lisboa, relativo ao Processo n.º 3068/2008-7 cuja relatora é Graça Amaral, datado de 22/04/2008 sintetiza a essência do procedimento cautelar em apreço referindo que: " *O procedimento cautelar previsto no art.º 21 do Decreto-Lei 149/95 trata-se de uma providência especificada que permite ao locador, em certas situações (resolução do contrato, não exercício pelo locatário exercido da opção de compra, não restituição do bem), requerer a entrega imediata do bem objeto do contrato (e cancelamento do registo), habilitando-o a dispor dele (cfr. n.º 6 que prescreve que decretada a providência e independentemente de recurso, o locador pode dispor do bem). Embora esteja em causa uma providência que, na sua estrutura, não difere dos restantes procedimentos cautelares (daí que o regime destes se lhe aplica subsidiariamente – art.º* 21, *n.º 7). A sua particularidade decorre do facto de, pela via cautelar, se obter o efeito material e jurídico atingido com a ação principal (entrega do bem e cancelamento do registo). Esta antecipação do efeito a atingir com a ação principal dilui, em absoluto, as características de instrumentalidade e provisoriedade atribuídas aos procedimentos cautelares e, nessa medida, não poderá deixar de relevar no regime de caducidade a considerar o qual, por isso, não poderá assumir enquadramento em nenhum dos previstos na lei (artigo 389.º e 410.º, ambos do Código de Processo Civil). Na verdade, a proteção efetiva do direito do proprietário do bem objeto do contrato alcançada na presente providência cautelar (especificidade que permite a disposição imediata do bem) retira a potencialidade reparadora que se encontra subjacente à execução da sentença.*"

Relativamente à aplicabilidade da garantia penal ao procedimento cautelar em análise, determina o n.º 8 do artigo 21.º que "*são subsidiariamente aplicáveis a esta providência as disposições gerais sobre providências cautelares, previstas no Código de Processo Civil, em tudo o que não estiver especialmente regulado no presente diploma.*", havendo assim uma norma remissiva do Decreto-Lei para o Código de Processo Civil, e mais concretamente, para o artigo 375.º do Código de Processo Civil.

A aplicabilidade da garantia penal a este procedimento cautelar não suscita dúvidas e é unanimemente aceite na jurisprudência. Neste sentido, o Acórdão do Tribunal da Relação do Porto relativo ao processo n.º 0436913 cujo relator é Márcio Fernandes, datado de 27/01/2005, o Acórdão do Tribunal da Relação de Lisboa, relativo ao Processo n.º 3068/2008-7 cuja relatora é Graça Amaral, datado de 22/04/2008 e ainda o Acórdão do Tribunal da Relação do Porto relativo ao processo n.º 4840/ 07.1TAVNG.P1, de 8/7/2009 cujo relator é Joaquim Braz.

h) Apreensão de veículo e do certificado de matrícula - Decreto-Lei 54/75, de 12 de fevereiro, alterado pelo Decreto-Lei 178-A/2005 - Artigos 15.º e 16.º

O artigo 15.º do Decreto-Lei 54/75, de 12 de fevereiro, prevê as situações que comportam o acionamento do procedimento cautelar em epígrafe: "*Vencido e não pago o crédito hipotecário ou não cumpridas as obrigações que originaram a reserva de propriedade, o titular dos respetivos registos pode requerer em juízo a apreensão do veículo e do certificado de matrícula.*"

A apreensão de veículo automóvel na aceção deste Decreto-Lei compreende apenas os automóveis, sendo que a apreensão de máquinas agrícolas, industriais ou aeronaves deve ser requisitada mediante procedimento cautelar comum, bem como ainda, os ciclomotores.[80]

Este procedimento previsto no artigo 15.º do Decreto-Lei é admitido como incidente no âmbito de uma ação de resolução do contrato de compra e venda com reserva de propriedade ou ainda em sede de processo de execução[81], sendo certo que o acionamento deste preceito se

[80] Francisco Ferreira de Almeida, Direito Processual Civil volume I, página 207.

[81] Francisco Ferreira de Almeida, Direito Processual Civil volume I, página 208.

basta com o incumprimento ou mero atraso, não se exigindo um incumprimento definitivo[82].

Os requisitos necessários ao decretamento da providência são a extinção do contrato por resolução ou decurso do prazo sem que haja compra ou restituição do bem locado.[83] Com a entrega do bem ao requerente, a secretaria lavra um termo de entrega da coisa ao locador, devendo neste ato ser entregue a certidão da decisão para posterior cancelamento do registo na conservatória, exceto se o bem não estiver sujeito a registo. A audiência realiza-se após o decretamento da providência. A medida é sujeita a publicidade e registo, ficando a cargo do juiz, a fiscalização da atividade do administrador.

Trata-se de uma providência com efeito antecipatório. Não é aplicável aos contratos de aluguer de automóveis, contratos de aluguer de longa duração ou compra e venda a prestações com reserva de propriedade e nos contratos de *sale and lease back.*[84]

A "imediata apreensão" a que alude o Decreto-Lei significa que a mesma acontecerá sem audição

[82] Francisco Ferreira de Almeida, Direito Processual Civil volume I, página 209.

[83] Francisco Ferreira de Almeida, Direito Processual Civil volume I, página 215.

[84] Francisco Ferreira de Almeida, Direito Processual Civil volume 1, páginas 214 e 215.

da parte contrária.[85] A obrigação judicialmente imposta pelo procedimento poderá ser substituída por prestação de caução.[86]

Ordenada a apreensão, o visado é notificado para a entrega efetiva do veículo, devendo constar na notificação de que a falta de entrega implica a cominação no crime de desobediência. O Decreto-Lei prevê no artigo 16.º n.º 2 que "*se no ato da apreensão não for encontrado o certificado de matrícula, deve o requerido ser notificado para o apresentar em juízo no prazo que lhe for designado, sob a sanção cominada para o crime de desobediência qualificada*". Assim, resultando a cominação do próprio diploma, dúvidas não existem quanto à aplicabilidade da garantia ao procedimento cautelar analisado.

Caduca a providência de apreensão quando se verificar uma das situações do artigo 19.º n.º 1 do Decreto-Lei, não havendo audição do requerente nesta situação. O requerente poderá ser responsabilizado nos termos do artigo 20.º do Decreto-Lei.

[85] Francisco Ferreira de Almeida, Direito Processual Civil volume I, página 211.

[86] Francisco Ferreira de Almeida, Direito Processual Civil volume I, página 211.

i) Foro Administrativo – artigo 112.º do Código de Processo nos Tribunais Administrativos

Refere o artigo 127.º n.º 3 do Código de Processo nos Tribunais Administrativos, no capítulo dos procedimentos cautelares, sob a epígrafe "Garantia da Providência" que: *"Os órgãos ou agentes que infrinjam providência cautelar decretada ficam sujeitos à responsabilidade prevista no artigo 159.º do mesmo diploma."* O artigo 159.º do Código de Processo nos Tribunais Administrativos preceitua ainda que (cita-se):

> *1 – Para além dos casos em que, por acordo do interessado ou declaração judicial, nos termos previstos no presente título, seja considerada justificada por causa legítima, a inexecução, por parte da Administração, de sentença proferida por um tribunal administrativo envolve:*
>
> *a) Responsabilidade civil, nos termos gerais, quer da Administração quer das pessoas que nela desempenhem funções;*
>
> *b) Responsabilidade disciplinar, também nos termos gerais, dessas mesmas pessoas.*
>
> *2 – A inexecução também importa a pena de desobediência, sem prejuízo de outro procedimento especialmente fixado na lei, quando, tendo a Administração sido notificada para o efeito, o órgão administrativo competente (...)".*

Assim, dúvidas não existem quanto à aplicabilidade da garantia penal em sede de procedimento administrativo, pelo facto do próprio diploma prever essa possibilidade, não obstante a remissão do Código em apreço para o Código de Processo Civil no artigo 1.º do Código de Processo nos Tribunais Administrativos.

k) Foro Tributário

Determina o artigo 135.º do Código de Procedimento e Processo Tributário que são admitidas em processo tributário as providências cautelares de arresto e arrolamento a favor da Administração Tributária.

Mais, o artigo 139.º do Código de Procedimento e Processo Tributário remete para o Código de Processo Civil em tudo que não estiver regulado no Código de Procedimento e Processo Tributário no que toca ao arresto, e, o artigo 142.º do Código de Procedimento e Processo Tributário, refere o mesmo quanto ao arrolamento. Neste sentido, remetemos para as nossas considerações anteriormente feitas no que respeita aos procedimentos cautelares de arresto e arrolamento em sede de processo civil.

Capítulo III
Reflexões em torno da aplicação da garantia penal das providências cautelares: a sanção pecuniária compulsória e a caução como alternativas ou reforços possíveis da garantia

A questão que nos propomos a responder neste capítulo é a de saber se fará sentido recorrermos à garantia penal da providência cautelar para incitar ao cumprimento da providência cautelar, tendo em conta que o nosso ordenamento jurídico tem outros mecanismos de incitamento ao cumprimento das sentenças decretadas, como é o caso da sanção pecuniária compulsória.

O decretamento da providência cautelar deve obedecer ao princípio da mínima ingerência, isto é, a medida decretada deve ser a menos invasiva possível da esfera do requerido, sem descurar a necessidade da tutela urgente que o requerente almeja. Este princípio preconiza assim que deve ser dada primazia a medidas cautelares conservativas perante medidas cautelares antecipatórias. Esta é a solução que resulta do princípio da proporcionalidade, princípio basilar do regime cautelar português[87]. Para tal faz-se necessário abordar sumariamente as alternativas que se colocam à garantia e percebermos se estas, isoladamente, seriam mecanismos suficientes para assegurar o cumprimento da providência decretada.

Poderá também colocar-se a hipótese de cumulação da garantia penal com mecanismos cíveis de coerção, em termos que também eles terão de ser averiguados, porquanto o Código de Processo Civil não se pronuncia quanto à cumulação dos mecanismos em causa.

Ora, em sede de procedimentos cautelares, o Código de Processo Civil propugna pelas seguintes soluções com vista ao cumprimento da providência:

i) garantia penal da providência cautelar nos termos do artigo 375.º 1.º parte do Código de Processo Civil;

[87] Marco Gonçalves, Providências Cautelares, página 324 e 325.

ii) execução coerciva nos termos do artigo 375.º *in fine*, do Código de Processo Civil;
iii) sanção pecuniária compulsória nos termos do artigo 365.º n.º 2 do Código de Processo Civil.

Merece ainda referência, a caução, por estar expressamente consignada em sede de procedimento cautelar em dois preceitos, mas que tem um papel próprio nesta matéria, como melhor notaremos.

À semelhança do que sucede com a garantia penal, também a sanção compulsória (artigo 365.º n.º 2 do Código) e a prestação de caução (artigo 368.º n.º 3) vêm previstas na "parte geral" dos procedimentos cautelares, havendo que se averiguar a que procedimentos se aplicam. Já nos pronunciamos anteriormente sobre a execução coerciva no primeiro capítulo, pelo que não retomaremos a abordagem deste tema neste capítulo, até porque a ação executiva pressupõe o incumprimento da própria providência, sendo certo que o artigo 375.º admite expressamente a possibilidade de cumulação da garantia penal com o processo executivo a que houver lugar em razão do incumprimento.

Comecemos pela sanção compulsória. O preâmbulo do Decreto-lei n.º262/83 de 16 de julho, que introduziu este mecanismo no ordenamento jurídico português refere que as sanções compulsórias se tratam de uma "A*utêntica inovação, entre nós, consistem as sanções compulsórias reguladas no artigo* 829.ºA. *Inspira-se a do n.º 1 desse preceito no modelo francês das astreintes, sem, todavia, menosprezar alguns contributos de outras ordens jurídicas; ficando-se pela coerção patrimonial, evitou-se, contudo atribuir-se-lhe um carácter de coerção pessoal (prisão) que poderia ser discutível face às garantias constitucionais. A sanção pecuniária compulsória visa, em suma, uma dupla finalidade de moralidade e de eficácia, pois com ela se reforça a soberania dos tribunais, o respeito pelas suas decisões e o prestígio da justiça, enquanto por outro lado se favorece a execução específica das obrigações de prestação de facto ou de abstenção infungíveis. Quando se trate de obrigações ou de simples pagamentos a efetuar em dinheiro corrente, a sanção compulsória – no pressuposto de que possa versar sobre quantia certa e determinada e, também, a partir de uma data exata (a do trânsito em julgado) – poderá funcionar automaticamente. Adota-se, pois, um modelo diverso para esses casos, muito similar à presunção adotada já pelo legislador em matéria de juros, inclusive moratórios, das obrigações pecuniárias, com vantagens de segurança e certeza para o comércio jurídico.*"

Tal como a garantia penal das providências cautelares, a sanção pecuniária compulsória está prevista no capítulo geral dos procedimentos cautelares, ficando a sua aplicação ao critério do requerente, se pretende ou não pedir ao tribunal a sua aplicação.

O Decreto-lei 329-A/95, de 12 de dezembro, introduziu alterações significativas no regime dos procedimentos cautelares, tendo representado uma rutura com o sistema processual civil vigente desde 1939. Com esta reforma surgiu não só a garantia penal da providência cautelar, mas também o artigo 365.º n.º 2 do Código de Processo Civil que vem prever a possibilidade de fixação da sanção compulsória no âmbito dos procedimentos cautelares.[88]

A sanção pecuniária compulsória é, de facto, encarada como meio de reforço das providências cautelares. A sanção compulsória decretada deve ser adequada a assegurar a efetividade da providência decretada, podendo igualmente servir como penalização no âmbito do cumprimento de obrigações pecuniárias fixadas em sentenças transitadas em julgado.

O escopo da sanção pecuniária compulsória é o de permitir o cumprimento compulsório da providência decretada, não tendo cariz indemnizatório associado *prima facie*.[89] Trata-se de uma providência temporária, pois que não é viável a sua perpetuação de modo indefinido em termos de horizonte temporal.

No que respeita à aplicação da sanção pecuniária compulsória, o Código de Processo Civil

[88] Marco Gonçalves, Procedimentos Cautelares, página 70 e 71.
[89] Ana Prata (org), Código Civil Anotado, página 1047.

comporta os dois tipos previstos pelo artigo 829º do Código Civil: a constante no n.º 1 – relativa a prestações de facto infungível e a constante no n.º 4, quando esteja em causa uma quantia pecuniária, sendo certo que o Decreto- Lei n.º 392-A/95, estabeleceu o recurso em termos amplos da sanção pecuniária compulsória[90].

Quando o Código de Processo Civil refere no artigo 365.º n.º 2 "*nos termos da lei civil*", tem subjacente uma remissão para o Código Civil, ainda que a sanção dependa de pedido do requerente, não sendo de aplicação obrigatória pelo juiz. Além disso, a aplicação da sanção compulsória não é exclusiva do direito civil, podendo assim a sanção compulsória não estar sujeita ao regime da lei civil, daí a referência expressa. Existe um duplo interesse em causa: o do lesado e o do Estado em assegurar o cumprimento das decisões.[91]

João Cura Mariano defende que o momento adequado para pedir a sanção compulsória deve ocorrer no processo executivo e não no procedimento cautelar, entendimento com o qual não podemos deixar de discordar, desde logo pela

[90] João Cura Mariano, A providência cautelar de arbitramento de reparação provisória, página 104 e 105. Concordamos com o autor, ainda que haja divergências doutrinárias quanto à interpretação deste artigo.

[91] João Cura Mariano, A providência cautelar de arbitramento de reparação provisória, página 106.

previsão específica da figura no capítulo dos procedimentos cautelares.[92]

A sanção pecuniária compulsória prevista no artigo 829.º-A do Código Civil, conforme já referido, não tem em vista a substituição do cumprimento pelo valor correspondente a essa sanção, nem natureza indemnizatória. Está-lhe subjacente o dever de acatamento das decisões judiciais, pretendendo-se obstar ou vencer a resistência do devedor, a sua oposição, indiferença ou desleixo para com o cumprimento[93]das obrigações a que está adstrito. A sanção pecuniária compulsória visa assim reforçar a soberania dos tribunais e o respeito pelas suas decisões e o cumprimento das obrigações.[94]

De facto, existem providências decretadas que são insuscetíveis de execução específica pelo facto de ser legalmente inadmissível o recurso a meios coativos de coerção físico-corporal. Evidentemente que nos reportamos às prestações de facto infungíveis, podendo apenas operar nesta senda, a sanção pecuniária compulsória.

92 João Cura Mariano, A providência cautelar de arbitramento de reparação provisória, página 108.

93 In Acórdão do tribunal da relação do Porto datado de 8/6/2009 relativo ao processo 435/06.5TIOAZ-B.P1 cuja relatora é Paula Carvalho.

94 Francisco Ferreira de Almeida, Direito Processual Civil volume I, página 168.

A sanção pecuniária compulsória tem como objetivo a coerção patrimonial ou referindo a jurisprudência que para além deste objetivo, a sanção pecuniária compulsória também tem como objetivo o respeito pelas decisões judiciais (efeito moral), sendo certo que não se reporta à obrigação principal pretendida pelo requerente, mas tão somente um mecanismo de coerção que tem necessariamente por base uma sentença condenatória.[95] Na fixação deste montante deve atender-se à capacidade económica do visado. Trata-se de uma condenação acessória da condenação principal, assumindo natureza sancionatória[96].

Reportando-nos à atendibilidade da sanção pecuniária compulsória nos procedimentos nominados do Código de Processo Civil, de facto, com exceção do arrolamento e do arresto, acreditamos que a sanção pecuniária compulsória é aplicável aos restantes procedimentos cautelares nominados constantes do Código de Processo Civil, por não haver nenhum preceito a limitar a sua aplicação. Porém, quer a sanção compulsória, quer a caução, dependem de iniciativa do requerente ou da capacidade do requerido para

[95] Ana Prata, (org), Código Civil Anotado, página 857 e 859, Anotação feita por Margarida Lima Rego.

[96] Ana Prata, (org), Código Civil Anotado, página 860, Anotação feita por Margarida Lima Rego.

serem aplicadas, o que não acontece com a garantia penal.

Refere o artigo 368.º n.º 3 do Código de Processo Civil que *"A providência decretada pode ser substituída por caução adequada, a pedido do requerido, sempre que a caução oferecida, ouvido o requerente, se mostre suficiente para prevenir a lesão ou repará-la integralmente"*. A caução prestada no âmbito de procedimento cautelar deve ser idónea, isto é, deve permitir salvaguardar o receio de lesão em causa, devendo por isso ser proporcional ao dano.

A caução aplica-se apenas ao procedimento de arresto, incluindo o de navios (nos termos do artigo 394.º n.º 2 do Código de Processo Civil) e ainda ao procedimento de embargo de obra nova (artigo 401.º do Código de Processo Civil). Assim o prevê o artigo 376.º n.º 2 do Código de Processo Civil[97]. Também se encontra prevista na Lei 63/2011, de 14 de dezembro (Nova Lei da arbitragem voluntária) e no Decreto-lei 54/75,

[97] No caso do arbitramento de reparação provisória, refere a doutrina que: "a própria natureza e finalidade deste procedimento são impeditivas da substituibilidade do seu decretamento pela prestação de caução. Com efeito, se tal acontecesse, a caução não iria satisfazer imediatamente as necessidades daquele que carece de uma reparação provisória dos danos sofridos". Neste sentido o Acórdão do tribunal da relação de Évora de 25/2/99. Além do mais, o requerente não teria acesso à caução. Célia Pereira, obra já citada, página 174.

de 24 de junho, a possibilidade de substituição da medida decretada mediante prestação de caução.

Apesar de a lei deixar clara a hipótese de aplicabilidade da caução no que se refere aos procedimentos cautelares, a jurisprudência tem entendimentos proliferantes quanto a esta questão, existindo jurisprudência no sentido de considerar que apenas as providências cautelares inominadas admitem a sua substituição mediante caução. Quanto às providências nominadas, tal substituição não é viável uma vez que nelas "*(...) estão em jogo direitos basilares do requerente com consagração constitucional cuja prestação de caução é letra morta" (..) No entanto, há que excecionar o arresto de navios e o embargo de obra nova, dado que os interesses em causa na providência são meramente patrimoniais e, como tal, facilmente sustentáveis com uma caução prestada"*.[98]

A prestação de caução no âmbito dos procedimentos cautelares não constitui um requisito do qual dependa o decretamento da providência, podendo a mesma assumir o caráter de

[98] Célia Pereira, obra já citada, página 99 e 174. Neste sentido, De acordo com a argumentação deste acórdão, referente à restituição provisória de posse, a substituição por caução de uma providência cautelar especificada decretada tem de resultar necessariamente de uma ponderação dos valores e interesse subjacentes à sua previsão legal. No mesmo sentido argumentou o acórdão do Tribunal da Relação de Lisboa datado de 2/11/00.

condição suspensiva da execução da providência decretada.[99]

Ordenamentos existem que pugnam pela obrigatoriedade da prestação de caução no âmbito dos procedimentos cautelares, como é caso dos Estados Unidos, da Áustria, da Inglaterra, entre outros países.[100] Esta solução encontra defensores na Doutrina como Marco Gonçalves[101], dado o facto de a providência cautelar envolver situações de difícil reparação de prejuízos advindos do decretamento da própria providência, assumindo assim a caução, a natureza de mecanismo de tutela preventiva[102].

Em Portugal, a prestação de caução no âmbito do procedimento cautelar não reveste natureza obrigatória. Esta solução adotada pelo legislador (pugnando pela não obrigatoriedade da prestação de caução) é de louvar, na medida em que defender a obrigatoriedade da prestação da caução seria de facto, a nosso ver, criar um mecanismo de inutilização do seu recurso no que toca aos procedimentos cautelares, podendo nalguns casos criar-se um impedimento de acesso à justiça junto dos cidadãos com situação económica mais desfavorecida.

[99] Marco Gonçalves, Procedimentos Cautelares, página 328.
[100] Marco Gonçalves, Procedimentos Cautelares, página 341.
[101] Marco Gonçalves, Procedimentos Cautelares, página 332.
[102] Marco Gonçalves, Procedimentos Cautelares, página 329.

Certo é que a caução reveste funções próprias em sede de procedimento cautelar. Trata-se simultaneamente de uma medida de proteção e regulação, sendo uma garantia de ressarcimento dos danos que possam ser causados com o decretamento da providência. Regula o acesso à tutela cautelar, estabelece o equilíbrio entre as partes e protege ainda a atividade judicial.

A caução representa uma imposição na esfera do devedor e de uma mera autorização na esfera do credor, exceto nos casos em que o devedor preste caução por forma a abster-se ao exercício de uma posição que assista ao devedor. A caução vem, primacialmente, prevista no artigo 623.º do Código Civil. Este preceito estabelece, em abstrato, que são idóneas a satisfazer a caução, garantias reais (penhor, hipoteca) e garantias pessoais (fiança).

O processo de prestação de caução vem regulado nos artigos 906.º a 915.º do Código de Processo Civil enquanto incidente.

Segundo o artigo 624.º do Código Civil, a caução resultante de negócio jurídico ou determinada pelo tribunal pode ser prestada por garantia pessoal ou real. Casos existem que a caução é imposta judicialmente, sendo exemplos disso, os artigos 107.º, 620.º, 1898.º, 1920.º, 2103.º-A n.º 3, 2236.º todos do Código Civil.[103]

[103] Ana Prata (org.), Código Civil Anotado, página 809, Anotação feita por Margarida Lima Rego.

A caução deve ser idónea a satisfazer um dever convencional ou judicial. Caso a caução não seja prestada, refere o artigo 625.º do Código Civil que pode haver lugar à hipoteca de bens do visado, quando exista esse dever. Se o obrigado à caução não tiver bens hipotecáveis, a garantia é havida como penhor. Se insuficiente, a caução poderá ser reforçada nos termos do artigo 626.º do Código Civil.[104]

No ordenamento jurídico espanhol, a possibilidade de prestação de caução está expressamente prevista no âmbito dos procedimentos cautelares. Contudo, o Estado e os seus organismos autónomos estão dispensados de prestar caução. São utilizados como critérios para arbitrar o montante desta a natureza e o conteúdo da prestação, a adequação e proporcionalidade dos bens em jogo. Solução semelhante é adotada pelo ordenamento jurídico italiano.[105]

[104] Ana Prata (org.), Código Civil Anotado, página 811, Anotação feita por Margarida Lima Rego.

[105] No ordenamento jurídico italiano, a propósito dos procedimentos cautelares, temos a figura do sequestro/ *i sequestri*, que reveste a natureza de procedimento *sommari cautelari* de conservação com vista a assegurar o resultado da ação principal. De mencionar ainda o *sequestri giudiziario di beni* previsto no artigo 670.º n.º 1 do código de processo civil italiano, aplicável a bens móveis e imóveis, sendo requisitos para o deferimento deste procedimento: a existência de uma controvérsia acerca da propriedade do bem ou da sua posse e o perigo de alteração, substração ou deterioração pelo requerido ou terceiro. De referir ainda o *se-*

Em jeito de conclusão, pelo facto de os mecanismos cíveis de coerção para o cumprimento da sentença necessitarem da iniciativa do requerente (sanção pecuniária compulsória) ou da capacidade do requerido (caução) para desencadear a sua aplicação, os mesmos podem não ter aplicabilidade efetiva e, nesta senda, não assegurarem o cumprimento efetivo da providência decretada, uma vez que não se tratam de mecanismos de aplicação obrigatória. Advogamos assim no sentido da insubstituibilidade da garantia penal perante as soluções de cunho civil para cumprimento da sentença em sede de procedimento cautelar, pelo facto da garantia penal não depender, desde logo, da iniciativa das partes para o seu acionamento e não ser um mecanismo de natureza facultativa.

questri giudiziario di prove (artigo 670.º n.º 2), em que o objeto da medida cautelar é um bem móvel ou um documento que está na posse de outrem – do requerido ou terceiro. *Il sequestri* conservativo é utilizado quando há fundado receio de perda de garantia patrimonial, podendo o mesmo converter-se em penhora, sendo requisitos de decretamento: *o fumus iuris bonis e o periculum in mora*. Já o *sequestri liberatorio* (artigo 684.º) consiste na apreensão de uma soma de dinheiro ou de uma coisa para cumprimento de uma obrigação. A jurisprudência e a doutrina consideram a mora nos casos em que o devedor contesta. Este último sequestro pode ser suspenso mediante prestação de caução idónea. Diritto processuale civile, Luigi Montesano, Giovanni Arieta, 3.ª edição, Torino: G. Giappichellli Editore, 1999, páginas 283 a 300.

Entendemos ser possível cumular a garantia penal com a sanção pecuniária compulsória. Já a prestação de caução em sede de procedimento cautelar assume um papel irrisório pelo que, a nosso ver, não poderá complementar, de modo genérico, a garantia penal, diversamente do que sucede com a sanção pecuniária compulsória. De referir ainda que a sanção pecuniária compulsória, uma vez incumprida, não se protela em termos de horizonte temporal, pelo que poderá acabar por não cumprir o efeito a que se propõe caso seja acionada. Ainda assim, entendemos que a sanção pecuniária compulsória aliada à garantia penal poderá, de modo satisfatório, (e desde que peticionada pelo requerente) ser um meio eficaz para incitar ao cumprimento da sentença, por exemplo junto das pessoas coletivas.

No que toca às pessoas coletivas devemos ter em conta que, caso estejamos perante uma sociedade unipessoal, ou uma pequena sociedade (até 2 pessoas), a incidência pessoal que a garantia penal pretende atingir mantém-se, pelo que, se propugna pela aplicabilidade da mesma nestes casos, nos moldes defendidos para as pessoas singulares. Já nos restantes casos, em que estejamos perante sociedades comerciais em que o elemento da pessoalidade esteja diluído, a garantia penal já não desempenhará o papel a que se propõe junto do requerido, pelo que nestes casos deverá dar-se prevalência à sanção pecuniária compulsória em detrimento da garantia penal para incitar ao cumprimento da providência decretada.

Para as pessoas singulares, temos para nós que a simples advertência da cominação legal do artigo 375.º do Código de Processo Civil poderá ser bastante para incitar ao cumprimento da sentença.

Dado o facto de a garantia penal ter consequências que visam a esfera penal do requerido, a probabilidade do cumprimento da sentença é viável pelo efeito intimidatório adjacente à mesma, diversamente do que sucede com os mecanismos cíveis, os quais dependem da capacidade económica do requerido (motivo pelo qual a probabilidade de frustração é considerável) ou da iniciativa do requerente" para serem efetivados e por terem natureza facultativa. Ainda assim os mecanismos cíveis podem complementar a garantia penal, haja visto que as esferas de atuação dos mecanismos em causa são diferentes, por um lado, o património do requerido, por outro, a esfera penal do visado.

Capítulo IV
Conclusões

a) A garantia penal da providência cautelar assume a natureza de meio coerção do cumprimento de sentenças que decretem procedimentos cautelares na jurisdição cível, mas também na jurisdição laboral, administrativa e fiscal.
b) A garantia penal difere dos restantes meios de coerção para cumprimento da sentença em sede de procedimentos cautelares, por envolver efeitos do foro penal para o requerido, por não depender da iniciativa das partes para que ocorra o seu desencadeamento e por não ter caráter facultativo.
c) O artigo 375.º do Código de Processo Civil é uma manifestação do princípio da obrigatoriedade (ou vinculatividade) das

decisões judiciais em sede de procedimentos cautelares.

d) O artigo 375.º do Código de Processo Civil é uma norma de cariz incriminatório, pois não se limita a reconhecer que o incumprimento da providência decretada se trata de um crime. Dota a decisão judicial proferida em sede procedimento cautelar, de garantia penal, reforçando o valor jurídico da sentença, acrescendo-lhe mecanismos de reação além da esfera meramente civil. O artigo 375.º do Código de Processo Civil é, assim, uma norma de cariz penal enxertada no Código de Processo Civil.

e) A sentença que decreta a providência não se trata de uma mera ordem judicial documentada. Temos de ter em conta que estamos perante uma sentença que se pode caracterizar pela caducidade e precariedade, fatores que tornam a uma verdadeira sentença *sui generis*.

f) Aquando a notificação da sentença que decreta a providência cautelar, o requerido deverá ser notificado de modo pessoal da cominação legal prevista no artigo 375.º do Código de Processo Civil. São vários os argumentos que abonam a favor desta tese:

1.º: O facto da interpretação do preceito ser dissonante na Doutrina e na Jurisprudência em variados aspetos, faz com que não resulte claro qual o posicionamento do juiz que irá proferir a sentença (qual a doutrina que perfilha), situação que poderá criar discrepâncias na aplicação da lei, sendo que por uma questão de uniformidade quanto à interpretação do preceito, a exigência em causa justificar-se-á, para dissipar dúvidas *ab initio;*

2.º: O incumprimento da providência cautelar pode redundar na prática de um crime previsto e punido pelo artigo 348.º do Código Penal e nos remeter assim para a esfera penal do requerido que contende com os direitos, liberdades e garantias do visado;

3.º: O artigo 375.º do Código de Processo Civil representa um regime excecional (em termos de efeitos de incumprimento de uma decisão judicial proferida pelos tribunais cíveis), daí a necessidade de notificação da cominação legal;

4.º: É necessário ter em conta que nem todo o incumprimento de providências culmina na prática do crime de desobediência, isto, se atendermos ao critério da interpretação restritiva do artigo 375.º do Código de Processo Civil.

5.º: Acresce que a falta de advertência da cominação legal obsta à produção do efeito intimidatório da garantia penal pretendido junto do requerido. Não tendo sido feita a advertência e violada a ordem do tribunal, uma vez frustrado o fim da providência, não pode, muitas vezes, a situação ser reposta *in natura*. Acreditamos assim que a advertência do visado é uma condição de eficácia da própria garantia;

6.º: havendo sobreposição de preceitos no caso em concreto (artigo 348.º do Código Penal e artigo 375.º do Código de Processo Civil) e mesmo concurso de normas aplicáveis (artigo 224.º do Código Penal e artigo 250.º do Código Penal), deverá sempre procurar-se a solução que mais garantias ofereça, isto é, zelando pela notificação do requerido com a cominação legal prevista no artigo 375.º do Código de Processo Civil;

g) Quanto à aplicabilidade da garantia penal aos procedimentos cautelares nominados e aos procedimentos cautelares existentes em legislação avulsa, as querelas jurisprudenciais e doutrinárias mantêm-se. A análise quanto à aplicabilidade da garantia penal deve ser feita de modo casuístico por forma a não violar importantes princípios jurídicos do ordenamento jurídico português.

h) Á semelhança do que sucede com a garantia penal, também a sanção compulsória (artigo 365.º n.º 2 do Código de Processo Civil) e a prestação de caução (artigo 368.º n.º 3) vêm previstas no capítulo geral dos procedimentos cautelares (artigo 362.º e seguintes do Código de Processo Civil), havendo que se averiguar casuisticamente a que procedimentos se aplicam.
i) Reportando-nos à aplicabilidade da sanção pecuniária compulsória aos procedimentos nominados do Código de Processo Civil, de facto, com exceção do arrolamento, arresto e, acreditamos que a sanção pecuniária compulsória tem cabimento em todos os restantes procedimentos cautelares nominados constantes do Código de Processo Civil, por não haver nenhum preceito a limitar a sua aplicação, diversamente do que sucede com a caução. Porém, quer a sanção compulsória, quer a caução dependem de iniciativa ou capacidade das partes para serem aplicadas, o que não acontece com a garantia penal.
j) Em sede de procedimento cautelar, a caução é apenas aplicável ao procedimento cautelar de arresto, incluindo o de navios (nos termos do artigo 394.º

n.º 2 do Código de Processo Civil) e ainda ao procedimento de embargo de obra nova (artigo 401.º do Código de Processo Civil). Assim o prevê o artigo 376.º n.º 2 do Código de Processo Civil. A caução desempenha um papel residual no que toca aos procedimentos nominados, dada a sua aplicação restrita. O Decreto-Lei n.º 54/75, de 12 de fevereiro, prevê também a possibilidade da aplicação da caução em sede de procedimento cautelar, bem como, a Lei 63/2011, de 14 de dezembro, (Lei da Arbitragem Voluntária).

k) Entendemos que nada obsta à cumulação da garantia penal com o processo executivo. Tal solução é, inclusivamente, reconhecida pela parte final do artigo 375.º do Código de Processo Civil. A natureza singular da garantia penal faz com que se possa cumular este mecanismo com outras medidas ou soluções civilísticas que se diferenciam da esfera penal. Certo é que a questão da morosidade e a probabilidade de frustração de soluções de cariz civil e que visem arrebatar a esfera patrimonial do requerido não se colocam no plano juspenalista pelo facto da solução compreender uma esfera diversa do requerido, sem que haja esforços ou medidas acrescidas de executoriedade por parte do tribunal ou do requerente, podendo o efeito intimidatório da garantia penal acautelar o interesse do requerente.

l) Com efeito, junto das pessoas singulares afigurar-se-à eficaz e suficiente a aplicação da garantia penal desde que feita a advertência da cominação legal. No que toca às pessoas coletivas devemos ter em conta que, caso estejamos perante uma sociedade unipessoal, ou uma pequena sociedade (até 2 pessoas), a incidência pessoal que a garantia penal pretende atingir mantém-se, pelo que, se propugna pela aplicabilidade da mesma nestes casos, nos moldes defendidos para as pessoas singulares. Já nos restantes casos, em que estejamos perante sociedades comerciais em que o elemento da pessoalidade esteja diluído, a garantia penal já não desempenhará o papel a que se propõe junto do requerido, pelo que, nestes casos, deverá dar-se prevalência à sanção pecuniária compulsória em detrimento da garantia penal para incitar ao cumprimento da providência decretada.

m) A cumulação da sanção pecuniária compulsória com a garantia penal é legalmente admissível, sendo uma solução doutrinariamente reconhecida. A sanção pecuniária compulsória por ser uma medida que depende da iniciativa do requerente (e ter assim caráter facultativo), poderá não ter aplicabilidade prática, daí que a garantia penal tenha um papel primacialmente insubstituível diante das soluções de coerção de cunho civil, por não depender da iniciativa do requerente para o seu desencadeamento, pelo que advogamos no sentido da aplicabilidade da garantia penal a grande parte dos procedimentos cautelares existentes no nosso ordenamento jurídico, desde que feita a advertência da cominação legal junto do requerido.

Bibliografia

ALBUQUERQUE, Paulo Pinto, Comentário do Código de Processo Penal à luz da Constituição da República e da Convenção Europeia dos Direitos do Homem, 4.ª edição, Universidade Católica Editora, 2011

ALBUQUERQUE, Pedro, Responsabilidade processual por litigância de má-fé, Acórdão do Tribunal da Relação do Porto de 13 de junho de 2006, Revista da Ordem dos Advogados, Ano 66, II – (set), 2006, Lisboa, página 875-913

ALMEIDA, Francisco Ferreira, Direito Processual Civil volume I, Coimbra: Almedina, 2015

AMARAL, Jorge Pais, Direito Processual Civil, 12.ª edição, Coimbra: Almedina, 2015

CAPELO, Maria José, À sentença entre a autoridade e a prova: em busca de traços distintivos do caso julgado civil, reimpressão, Coimbra: Almedina, 2016

CANOTILHO, Gomes e Moreira, Vital, Constituição da República Portuguesa anotada – art. 1.º a 107, volume 1, 4.ª edição, Coimbra: Coimbra editora, 2007

CARVALHO, Américo Taipa, Direito Penal – Parte Geral, Questões fundamentais – Teoria geral do crime, Coimbra: Coimbra Editora, 2003

CORDEIRO, Menezes, Litigância de má-fé, Abuso de Direito de ação e culpa "in agendo", 3.ª edição aumentada e atualizada à luz do Código de Processo Civil de 2013, Coimbra: Almedina, 2014

DIAS, Jorge Figueiredo (org.), Código Conimbricense ao Código Penal: parte especial – Tomo III – artigos 308.º a 386.º, Coimbra: Coimbra Editora, 2001

DIDIER, Fredie JR, Sentença constitutiva e execução forçada, Revista da Faculdade de Direito de Lisboa, Lisboa: FD.U.L. – V. 49, n.º 1 e 2 (2008), p. 311-323

FARIA, Ramos Paula de, e Ana Luísa Loureiro, Primeiras notas ao Novo Código de Processo Civil, 2.ª edição, Coimbra: Almedina, 2014

FREITAS, José Lebre de, e Isabel Alexandre, Código de Processo Civil anotado, volume 2, 3.ª edição, Coimbra: Coimbra Editora, 2017

GASPAR, António Henriques et al., Código de Processo Penal Comentado, Coimbra: Almedina, 2014

GERALDES, Abrantes, Temas da reforma de processo civil III volume, 5 Procedimento cautelar comum, Coimbra: Almedina, 1998

GONÇALVES, Marco Filipe Carvalho Gonçalves, Providências Cautelares, 3.ª edição, Coimbra: Almedina, 2017

LEITÃO, Luís Manuel Teles de Menezes, Direito das Obrigações volume II, 8.ª edição, Coimbra: Almedina, 2011

LOBO, Fernando Gama, Código de Processo Penal Anotado, Coimbra: Almedina, 2015

MARIANO, João Cura, A providência cautelar de arbitramento de reparação provisória, 2.ª edição revista e aumentada, Coimbra: Almedina, 2006

MARQUES, JP. Remédio, Ação declarativa à luz do código revisto, 3.º Edição, Coimbra: Coimbra Editora, 2011

MONTESANO, Luigi, Diritto processuale civile, Giovanni Arieta, 3.ª edição, Torino: G. Giappichelli Editore, 1999

NETO, Abílio, Código Civil Anotado – 19.ª edição, Lisboa: Ediforum, 2016

NEVES, Daniel Amorim Assumpção, Manual de Direito Processual Civil – volume único, 7.ª edição, São Paulo: Editora Método, 2015

PEREIRA, Célia Sousa, Arbitramento de reparação provisória, Coimbra: Almedina, 2003

PINTO, Rui, Código de Processo Civil Anotado volume 1, 2.ª edição, Coimbra: Almedina, 2015

PIRES, Catarina Monteiro, Limites dos esforços e dispêndios exigíveis ao devedor para cumprir, Revista da Ordem dos Advogados, Ano 76 Lisboa, Jan/dez 2016, p. 105-136

PRATA, Ana, (org), Código Civil Anotado, Coimbra: Almedina, CEDIS, 2017

RAMOS, Manuel Ortells, Derecho procesal civil, 2.ª edição revista, Elcano: Aranzadi, 2001

RIBEIRO, Vinício, Código de Processo Penal – notas e comentários 2.ª edição, Coimbra: Coimbra Editora, 2011

RIO, Castela e M. Miguez Gatcia, Código Penal – Parte Geral e especial com notas e comentários, 2.ª edição, Coimbra: Almedina, 2015

TARZIA, Giuseppe, Providências cautelares atípicas (uma análise comparativa), Revista da Faculdade de Direito de Lisboa, Revista da Faculdade de Direito da Universidade de Lisboa, vol. 41, n.º 1, Coimbra: Coimbra editora, 2000, página 241- 260

QUINTAS, Paula e Hélder, Manual de Direito do Trabalho e de Processo de Trabalho, 3.ª edição, Coimbra: Almedina, 2014

Sítios internet:

- https://wwrwashfords.co.uk/news-and-events/general/guide-to-injunctions
- www.dgsi.pt

Lista de acórdãos (por ordem cronológica)

- Acórdão do Tribunal da Relação de Coimbra relativo ao Processo n.º 3010/ 2000, cujo relator é Coelho de Matos, datado de 12/12/2000;
- Acórdão do Tribunal da Relação do Porto, de 17/01/2001 cujo relator é Agostinho Freitas relativo ao processo 0040675;
- Acórdão do Tribunal da Relação do Porto, relativo ao processo n.º 0040694, cujo relator é Tomé Branco, datado de 28/11/2001;
- Acórdão do Tribunal da Relação do Porto datado de 16/01/2002, relativo ao processo n.º 0111421, cujo relator é Clemente Lima;

- Acórdão do Tribunal da Relação do Porto, relativo ao processo n.º 0436913, cujo relator é Mário Fernandes, datado de 27/01/2005;
- Acórdão do Tribunal da Relação de Lisboa de 22/04/2008, relativo ao Processo n.º 3068/2008-7, cuja relatora é Graça Amaral;
- Acórdão do Tribunal da Relação do Porto de 9 de julho 2008 cujo relator é Jorge França, relativo ao processo n.º 0812779;
- Acórdão do Tribunal da Relação de Lisboa relativo ao processo 5077/2008-3, cuja relatora é Margarida Ramos de Almeida, datado de 25/8/2008;
- Acórdão do Tribunal da Relação de Lisboa datado de 13/3/2009, relativo ao processo 004808 cujo relator é Salazar Casanova;
- Acórdão do Tribunal da Relação do Porto relativo ao processo 4840/07.1TAVNG.P1, cujo relator é Joaquim Braz datado de 8/7/2009;
- Acórdão do Supremo Tribunal de Justiça n.º 10/2010 cujo relator é Maia Costa relativo ao processo n.º 40/10.1YFLSB, publicado no Diário da República em 16/12/2010;
- Acórdão de Fixação de Jurisprudência do Supremo Tribunal de Justiça de 17/11/ 2010, relativo ao processo n.º 40/10.1YFLSB;
- Acórdão do Tribunal da Relação do Porto relativo ao Processo n.º 115/10.7TAMTR.P41, Relatora M.ª Deolinda Dionísio datado de 6/6/2012;
- Acórdão do Tribunal da Relação de Lisboa datado de 27/11 /2012, relativo ao processo n.º 1669/12.9TVLSB-A.L1-7, cujo relator é Manuel Gomes;

- Acórdão do Tribunal da Relação do Porto, relativo ao processo n.º 373/10.7TABGI.PI, cuja relatora é Maria Dolores Silva Sousa, datado de 16/01/2013;
- Acórdão do Tribunal da Relação de Guimarães relativo ao processo n.º 232/06.8TAMNC-B.GI, relatora Maria Luísa Arantes, de 07/10/2013;
- Acórdão do Tribunal da Relação de Guimarães relativo ao processo n.º 166/08.1TAMNC.GI, cuja relatora é Ana Teixeira, datado de 2/12/2013;
- Acórdão do Tribunal da Relação de Guimarães relativo ao processo n.º 635/14TTBRG-A.P1.G1 datado de 26/02/2015 cuja relatora é Manuela Fialho;
- Acórdão do Tribunal da Relação de Évora relativo ao processo n.º 1627/09.TAFAR.E2, cuja relatora é Maria Isabel Duarte, datado de 29/11/2016;